ro
ro
ro

W0029219

Bernhard Schulz · Antje Wegener
Carola Zinner

Warum ist der Himmel blau?

Kinder fragen, Eltern rätseln

Mit farbigen Illustrationen
von Sybille Hein

Rowohlt Taschenbuch Verlag

Die Texte der einzelnen Autoren sind
mit folgenden Kürzeln gekennzeichnet:

    bs für Bernhard Schulz
    aw für Antje Wegener
    cz für Carola Zinner

Veröffentlicht im Rowohlt Taschenbuch Verlag,
Reinbek bei Hamburg, Juni 2005
Copyright © 2003 by Rowohlt · Berlin
Verlag GmbH, Berlin
Umschlag- und Innenillustration Sybille Hein
Umschlaggestaltung any.way, Andreas Pufal
Druck und Bindung Clausen & Bosse, Leck
Printed in Germany
ISBN 3 499 21261 7

Inhalt

Warum spuckt der Vulkan?

Leben auf der Kugel

Technik und Erfindungen

Und diese vier
haben das Buch gemacht 151

Wie dieses Buch entstanden ist

Es gibt Fragen, die auf den ersten Blick ganz einfach erscheinen. So einfach, dass Erwachsene sie nicht stellen, obwohl sie selbst die richtigen Antworten nicht kennen. Solchen «einfachen» Fragen widmet sich dieses Buch. Es sind Fragen, die Kinder gestellt haben und die dann von uns in Radiobeiträgen für den Kinder- und Schulfunk des Bayerischen Rundfunks beantwortet wurden.

Bei den Antworten, die oft gar nicht so leicht zu finden waren, haben uns Fachleute und Experten geholfen. Mit viel Geduld haben sie ertragen, dass wir ihre wissenschaftlichen Erklärungen so lange hinterfragten, bis eine möglichst einfache Antwort übrig blieb. Manche Erklärungen aber werden falsch, wenn man sie zu sehr vereinfacht. Deshalb sind ein paar der Antworten nicht ganz so leicht verständlich, wie wir uns das gewünscht hätten. Es ist uns klar, dass bei einigen Themen noch viel hinzuzufügen wäre. Dann aber hätten wir den Rahmen dieses Buches gesprengt.

Unser Dank gilt den Professoren, Doktoren und Assistenten der bayerischen Universitäten, den Fachleuten der Münchner Museen und allen anderen Spezialisten, die uns beratend zur Seite gestanden sind. Besonderer Dank an Dr. Petra Herrmann vom Bayerischen Rundfunk und an Julia Kühn vom Rowohlt · Berlin Verlag.

Viel Spaß beim Lesen, Lernen, Staunen!

Die Autoren

Warum müssen wir niesen und husten?

Der Mensch mit Haut und Haar

Warum müssen wir niesen und husten?

Wenn ein Mensch etwas in die Nase bekommt, also zum Beispiel eine Ladung Staub, dann reagiert der Körper ganz schnell und automatisch: er niest. Aus der Lunge wird ein Schwall Luft stoßartig durch die Luftröhre und den Kehlkopf zur Nase hinausgedrückt. Sollte einmal Niesen nicht genügen, dann niest der Körper nochmal. So lange, bis er wieder atmen kann. Der Körper macht das automatisch, ohne dass der Mensch darüber nachdenkt oder es beeinflussen kann. Es ist eine Körperreaktion, ein Reflex. Ein Reflex wird durch einen Reiz ausgelöst. Dieser Reiz bringt dann einen bestimmten Ablauf von Reaktionen in Gang. Beim Niesen ist der Reiz der Staub in der Nase. Der kitzelt uns und daraufhin niesen wir.

Die Lunge ist umgeben von Muskeln, eingebettet in den Brustkorb und durch das Zwerchfell von anderen Organen abgetrennt. Muss der Mensch nun niesen, dann atmet er zuerst ein, bis genügend Luft in der Lunge ist. Dann ziehen sich alle Muskeln im Brust- und Bauchbereich krampfartig zusammen, das Zwerchfell drückt nach oben und die Luft, die gerade noch in der Lunge war, wird hinausgedrückt. Der Luftstoß muss durch die Luftröhre, durch den Kehlkopf und dann zur Nase hinaus und nimmt dabei den kitzelnden Fremdkörper mit. Fast der ganze Körper wird durchgeschüttelt,

ohne dass wir irgend etwas dazu tun müssen oder dagegen tun können.

Wenn wir einen Schnupfen haben, dann ist das für den Körper genauso, als wäre ein Fremdkörper in der Nase. Es ist aber kein Fremdkörper, der uns die Atemwege verstopft, sondern der Rotz, der aus den Nasennebenhöhlen in die Atemwege kommt. Hier hilft Niesen allein nicht mehr. Erst muss der Schnupfen weg, dann hört auch das Niesen wieder auf.

Beim Husten ist es genauso wie beim Niesen. Nur ist nicht die Nase verstopft, sondern der Kehlkopf. Entweder von einem Fremdkörper, zum Beispiel einem Brösel, oder auch wieder von Schleim. Genau der gleiche Rotz, der uns Niesen lässt, nur hat er sich diesmal nicht in die Nase verirrt, sondern in den Hals. Je nachdem, wo es den Körper kitzelt, entweder in der Nase oder im Hals, muss er niesen oder husten. bs

Warum haben Afrikaner dunkle Haut?

Menschen mit dunkler Haut haben mehr Melanin im Blut als andere Menschen. Melanin ist ein Farbstoff. Es besteht aus winzig kleinen Farbkörnchen, die der Körper produziert und die dann vom Blut mitgenommen werden. Überall im Blut schwimmen die Melanin-Körnchen herum. Setzen wir unsere Haut der Sonne aus, dann schlüpft das Melanin in die Haut hinein. Die Haut wird dunkler und ist so besser gegen die Sonne geschützt.

Bei Völkern, die schon immer
in sehr heißen und

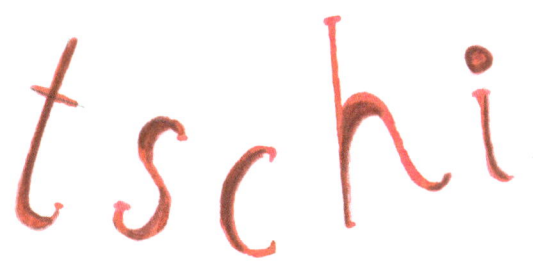

sonnigen Gegenden gelebt haben, ist dieser Sonnenschutz überlebensnotwendig. Besonders bei vielen afrikanischen Völkern wandert so viel Melanin aus dem Blut in die Haut, dass sie fast schwarz wird. Die Sonne kann die Haut dann nicht mehr verbrennen. Die Färbung der Haut wird von den Eltern an die Kinder vererbt. Hat ein Elternteil dunkle Haut, so werden auch die Kinder dunkle Haut haben. Aber sie dunkelt erst, wenn es notwendig ist, also nach der Geburt. Das Kind kommt viel heller auf die Welt, als es später sein wird. Es wird geboren, die Haut lernt die Sonne kennen, und das Melanin schlüpft vom Blut in die Haut hinein. Erst jetzt wird sie dunkler.

Die Hautfarbe eines Menschen wird auch von der Farbtönung der einzelnen Melanin-Körnchen bestimmt. Bei asiatischen Völkern ist Melanin eher gelblich, bei afrikanischen bräunlich, bei amerikanischen rötlich.

Hellhäutige Menschen besitzen hingegen nur wenig Melanin im Blut. Deswegen müssen sie sich mit Sonnencreme einschmieren, um keinen Sonnenbrand zu bekommen. Es dauert lange, bis ihre Haut braun wird, und die Bräune verschwindet nach ein paar Wochen wieder. Dunkelhäutige Menschen haben dagegen sehr viel Melanin im Blut. Je mehr Melanin, desto dunkler die Haut. bs

Warum wachsen wir?

Keiner von uns kommt in seiner endgültigen Größe zur Welt, vielmehr dauert es Jahre, bis aus einer befruchteten Eizelle ein erwachsener Mensch geworden ist. Der Bauplan dafür ist allerdings schon fast komplett in der befruchteten Eizelle vorhanden, und zwar in den Erbanlagen.

Die ersten Lebensmonate verbringt jeder im Körper der Mutter, der ihm Wärme, Schutz und Nahrung gibt. Wärme, Schutz und Nahrung allein reichen aber nicht aus, damit der menschliche Embryo, also das kleine neue Lebewesen, heranwächst. Dafür braucht es noch etwas mehr, und zwar bestimmte Stoffe, die der Körper der Mutter aussendet. Sie geben dem Embryo Signale, die

sein Wachstum und seine Entwicklung auslösen.

Natürlich kann ein Baby im Bauch der Mutter nicht so groß werden wie die Mutter selbst – dann hätte es dort ja keinen Platz (und die Mutter würde die Geburt auch nicht überleben). Das Baby bleibt so lange im Bauch der Mutter, wie es geht – in der Regel sind das neun Monate. Dann wird es geboren und wächst selbständig weiter. Dieses Wachstum wird vom Gehirn aus gesteuert, und zwar mit bestimmten Botenstoffen, die man Hormone nennt. Falls bei der Herstellung dieser Stoffe ein Fehler passiert, hört das Kind eventuell auf zu wachsen – dann wurde zu wenig davon produziert – oder aber es wird viel zu groß – dann waren zu viele Wachstumshormone im Spiel. Normalerweise aber verläuft alles genau nach dem richtigen Plan, der in den Erbanlagen vorgegeben ist. Neben diesem Plan spielt auch noch die Ernährung eine gewisse Rolle; Menschen, die in ihrer Jugend zu wenig zu essen haben, werden nicht so groß wie gut ernährte Kinder.

Wenn der Mensch die Größe erreicht hat, die in den Erbanlagen festgelegt ist, arbeitet der Teil im Gehirn, der die Wachstumshormone herstellt, schwächer. Der Körper wird ab jetzt nur noch instand gehalten, aber nicht noch weiter wachsen – der Mensch ist «ausgewachsen». Das ist ungefähr zu dem Zeitpunkt, an dem der Körper des jungen Menschen reif genug ist, eigene Nachkommen zu erzeugen. cz

Warum tut Haareschneiden nicht weh?

Das liegt daran, dass in den Haaren keine Nerven sitzen. Nerven sind Zellen im Körper, die Informationen an unsere großen Schaltzentralen weiterleiten, an das Gehirn und an das Rückenmark. Die Nerven berichten sozusagen ständig, wie es den einzelnen Körperteilen geht: ob ihnen vielleicht gerade zu heiß oder zu kalt ist, ob etwas so scharf ist, dass man sich daran verletzen könnte, oder ob etwas besonders angenehm ist. Auch Geschmack, Gerüche, Geräusche und Bilder werden durch Nervenzellen erfasst und über die Nervenstränge und an das Gehirn weitergeleitet. Das Gehirn verarbeitet diese Informationen und gibt sodann Handlungsanweisungen. So ist es dem Menschen möglich, richtig zu reagieren. Wenn er

Fig. 2.

zum Beispiel auf eine heiße Herdplatte fasst, melden die Nerven «lebensgefährlich heiß» – und blitzartig signalisiert das Gehirn Schmerz und erteilt den Befehl, die Hand von der Platte zurückzuziehen.

Bei den Haaren ist ein solches Alarmsystem nicht nötig. Unsere Haare sind ja ein Überrest der wesentlich üppigeren Behaarung des Urmenschen – sie sind sozusagen unser Fell und dienen noch heute dazu, uns vor Sonne, Kälte und Wind zu schützen. Augenbrauen und Wimpern halten zudem den Schweiß davon ab, in die empfindlichen Augen zu laufen. Die Haare bestehen aus Hornzellen und enthalten keine Blutbahnen.

Es geschieht dem Körper also nichts Schlimmes, wenn sie gekürzt werden – daher müssen sie auch nicht mit Nerven ausgestattet werden.

Obwohl in den Haaren keine Nerven sitzen, kann man aber trotzdem mit ihnen «fühlen». Wer die Augen schließt und seinen nackten Arm ganz langsam und vorsichtig bewegt, wird feststellen, dass seine Armhärchen die Nähe eines Gegenstands vermelden, noch ehe er die Haut berührt. Die dafür zuständigen Nerven sitzen in der Haarwurzel, also unter der Haut, und werden gereizt, sobald das Haar berührt wird. Probiert es einmal aus! cz

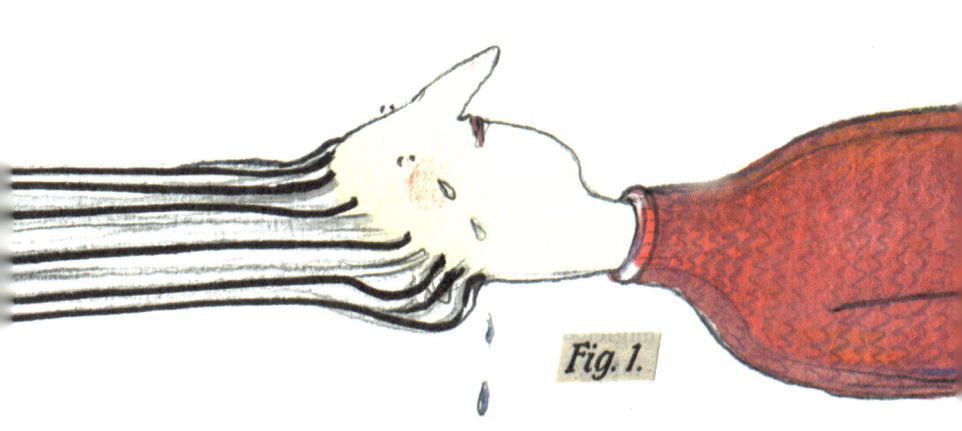

Fig. 1.

Wie entstanden die ersten Menschen?

Bei der Frage nach den ersten Menschen gibt es ein Stichwort: Evolution. Evolution bedeutet die allmähliche Entwicklung des Lebens auf unserer Erde. Alle Lebewesen, die es heute gibt, haben sich erst entwickeln müssen. Aus Urformen, die anders ausgesehen haben. Die Evolution ist ein Vorgang, der stetig abläuft, auch jetzt sind die Menschen dabei, sich immer weiter zu entwickeln und zu verändern. Zum Beispiel waren die Menschen im Mittelalter im Durchschnitt kleiner als die Menschen heute.

Evolution benötigt sehr lange Zeit. Jede Generation unterscheidet sich nur ein kleines bisschen von den Generationen zuvor. Diese Veränderungen entstehen durch die Anpassung aller Lebewesen an ihre Umwelt. Ein Vorgang, der viele Generationen dauert. Jeweils das Lebewesen, das am besten in seiner Umwelt zurecht kommt, wird sich fortpflanzen und so seine besonderen Eigenschaften weitervererben.

Der Weg zum Menschen begann vor der unglaublich langen Zeit von sechs bis sieben Millionen Jahren. Und zwar in Afrika. Dort lebten, im dichten Wald und bei angenehmen Temperaturen, jene fernen Vorfahren, die weder Affen waren noch Menschen. Sie konnten nicht sprechen, sie verwendeten keine Werkzeuge, sie machten kein Feuer.

Im Laufe der Zeit verließen einige dieser Lebewesen immer häufiger den Schutz der Bäume, um zu Fuß über die waldlosen Ebenen zu streifen. Diese Wesen, die noch keine Menschen waren, sondern eine Vorform, eher dem Affen ähnlich als dem Menschen, veränderten sich in ihrer neuen Umgebung. Lange Märsche lassen sich auf zwei Beinen besser bewältigen als auf allen vieren, besonders weil dadurch die Hände frei wurden.

Die Früh-Menschen begannen also, sich aufzurichten, gerade zu gehen. Sie benutzten Werkzeuge, die sie mitnahmen: lange, gerade Äste, die als Speere dienten, schwere Holzprügel, die sie als Keulen verwendeten, und Steine mit scharfen Kanten. Sie lebten in Gruppen und jagten gemeinsam Tiere, deren Felle sie lernten zu benutzen.

Nur mit geschickten Händen, flinken Füßen und ein bisschen Grips konnten die Früh-Menschen überleben. Je geschickter, flinker und schlauer sie waren, desto besser konnten sie ihr Leben meistern und desto eher pflanzten sie sich fort. Dabei geschah etwas Erstaunliches. Das Gehirn des Früh-Menschen wuchs, der Hinterkopf wurde größer, das Kinn kleiner und der Kehlkopf rutschte nach unten in den Hals. Durch diese Veränderungen wurde er schlauer und seine Zunge beweglicher. Der erste Schritt zur Sprache.

Es dauerte vier bis fünf Millionen Jahre, bis aus den ersten affenähnlichen Früh-Menschen aufrecht gehende, echte Menschen wurden. Vor ungefähr zwei Millionen Jahren war es soweit. Ihr Name: Homo erectus. Das ist lateinisch und heißt «aufrecht gehender Mensch». Homo erectus sah noch ein bisschen anders aus als wir, er war kleiner, gedrungener, hatte einen kleineren Hinterkopf, dafür eine großes Kinn. Er war sehr anpassungsfähig, konnte in Steppen genauso überleben wie im Gebirge. Vom Vor-Menschen unterschied er sich durch seine Eigenschaften: Er lernte, besondere Werkzeuge aus Stein, Holz und Leder herzustellen und das Feuer zu beherrschen. Vor allem aber lernte er sprechen, wenn auch wahrscheinlich nur langsam und in einfachen Worten. Die ersten Menschen hatten damit gegenüber den Tieren klare Vorteile.

Mehr als eine Million Jahre lang schlug sich der Homo erectus erfolgreich durch die Weltgeschichte, dann war seine Zeit zu Ende. Der moderne Mensch entstand und übernahm die Welt, um sie zu erobern. Vor mindestens 100 000 Jahren trat in Afrika der erste Homo sapiens auf. Das ist auch lateinisch und heißt «denkender Mensch».

Homo sapiens hatte ein besonders gut entwickeltes Gehirn und deswegen eine andere Kopfform. Großer Hinterkopf, kleines Kinn. Er konnte gut sprechen und entwickelte verschiedene Sprachen.

Schon damals stellten die Menschen kleine Kunstwerke her, zum Beispiel Schnitzereien aus Knochen, sie sangen und machten dazu Musik mit Trommeln und Flöten. Irgendwann begannen die Menschen auch zu malen – die Höhlenmalereien in Frankreich und Ita-

lien können noch heute besichtigt werden. Sie feierten religiöse Riten und versuchten, die Naturkräfte dadurch zu beeinflussen. Aber sie waren immer noch Nomaden, bauten keine festen Häuser und pflanzten nichts an.

Vor spätestens 15 000 Jahren wurden die Menschen sesshaft und begannen so zu leben, wie sie es im Prinzip heute noch tun. Sie betreiben Ackerbau, bauen Städte, führen Kriege und verändern die Erde, wo sie nur können. bs

Warum legen Menschen keine Eier?

Ein neues Lebewesen entsteht im Wesentlichen immer auf dieselbe Art: Es entwickelt sich aus einer befruchteten Eizelle.

Die kann außerhalb oder im Inneren des Körpers der Mutter

heranreifen. Bei den Säugetieren, zu denen auch wir Menschen gehören, entwickeln sich die Jungen im Körper der Mutter. Dieser schützt, ernährt und wärmt das Baby bis zur Geburt (die einzige Ausnahme sind das Eier legende Schnabeltier und zwei Ameisenigel-Arten).

Bei den Vögeln ist das anders. Auch ihre Eier brauchen Wärme, Nahrung und Sauerstoff, damit die kleinen Vögel in ihnen heranwachsen und schlüpfen können. Im Ei muss also von Anfang an genug Nahrung und Luft vorhanden sein – im Dottersack und in der Luftblase sind sie enthalten. Für Wärme und Schutz vor hungrigen Tieren und Unwettern müssen die Vogeleltern sorgen. Sie setzen sich auf das Ei und brüten, und mit ihrem Körper schützen sie es auch. Trotzdem kann es vorkommen, dass sie von Feinden vertrieben werden – das Ei liegt nun ungeschützt da, es wird leicht zur Beute oder kühlt so aus, dass der ungeborene Vogel stirbt.

Noch stärker gefährdet sind die Gelege von Reptilien wie Krokodilen oder Schildkröten. Die legen ihre Eier einfach in den warmen Sand und lassen sie dort zurück – die Arbeit des Brütens und Wärmens wird der Sonne überlassen. Da ist natürlich die Gefahr sehr groß, dass das nicht klappt – oder dass andere Tiere die ungeschützten Eier finden und fressen.

Da hat es der Nachwuchs im Bauch der Mutter besser: Er wird dort die ganze Zeit geschützt, es herrscht eine ideale Temperatur, und durch die Nabelschnur werden sie mit Nahrung und Sauerstoff versorgt. Die Methode der Säugetiere und Menschen hat also gegenüber der von anderen Tierarten entscheidende Vorteile: Bei ihr ist am ehesten sichergestellt, dass der Nachwuchs vor der Geburt besonders gut geborgen und versorgt ist und also die höchsten Überlebenschancen hat. Das ist wichtig, denn anders als Vögel und Reptilien, die mehrere bis mehrere hundert Eier legen, bekommen Frauen in der Regel nur ein Kind pro Schwangerschaft. Und wenn dieses eine Kind so gefährdet wäre wie die Eier der anderen Tierarten, dann wäre die Menschheit wohl inzwischen ausgestorben.

cz

Wie halten wir das Gleichgewicht?

Wenn wir keinen Gleichgewichtssinn hätten, würden wir ständig umfallen. Schon allein beim Gehen auf dunklen, unbeleuchteten Wegen hätten wir Schwierigkeiten. Oder beim Radfahren, wenn wir links abbiegen wollen und uns umblicken müssen. Wir könnten auf keinem Schwebebalken balancieren, auch auf keinem Mäuerchen. Wir könnten auf keinen Stuhl steigen, um etwas vom Schrank herunterzuholen, von keiner Skischanze springen und viele andere Dinge nicht, die uns im Leben Spaß machen. Aber glücklicherweise werden wir schon mit einem Gleichgewichtssinn geboren, den wir allerdings trainieren müssen. Ein Baby kann kurz nach seiner Geburt nur auf dem Rücken oder auf dem Bauch liegen und den Kopf drehen. Erst ein paar Monate später kann es den Kopf heben, dann allmählich den Oberkörper, ohne seitlich umzukippen oder ohne, wie man auch sagt, das Gleichgewicht zu verlieren. Wenn einem schwindelig ist, wenn sich alles ein bisschen um einen herum dreht, dann ist der Körper nicht im Gleichgewicht. Kein angenehmes Gefühl.

Um unser Gleichgewicht zu regulieren, muss der so genannte Vestibularapparat – das Wort stammt aus dem Lateinischen – gut funktionieren. Er liegt im Innenohr, besteht aus lauter feinen Röhrchen und Säckchen, die mit Flüssigkeit gefüllt sind und feine Härchen an ihrer Innenseite haben.
Diese Härchen leisten die Hauptarbeit beim Gleichgewichthalten. Sie können an der

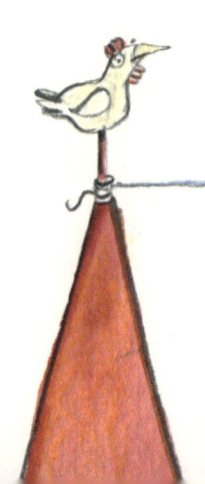

Bewegung der Flüssigkeit ablesen, in welche Richtung der Körper sich gerade bewegt. Das melden die Härchen den Nervenzellen, die leiten es an das zentrale Nervensystem im Gehirn weiter, und das Gehirn gibt dann über die Nervenbahnen den Muskeln Befehle, wie sie sich bewegen sollen, damit wir nicht umkippen oder hinfallen. Sobald wir unsere Körperlage verändern, verlagert sich auch die Flüssigkeit in den Röhrchen und Säckchen des Innenohrs,

und unser Körper kann über das Gehirn auf diese Veränderung reagieren. Damit wir ausbalanciert sind und im Gleichgewicht bleiben. aw

Warum sind manche Menschen kurz- und manche weitsichtig?

Ein Auge funktioniert ein bisschen wie ein Fotoapparat. Der hat als ganz wichtigen Bestandteil eine Linse, also ein besonders reines und gut geschliffenes Glas, wie man es auch für Ferngläser oder Brillen verwendet. Und dann ist im Fotoapparat noch ein Film – er befindet sich in einem ganz bestimmten Abstand zur Linse. Den Abstand zwischen Linse und Film kann man verändern. Nur wenn man ihn genau richtig einstellt, erhält man ein scharfes Bild. Im Prinzip funktioniert unser Auge ganz ähnlich. Es besitzt ebenfalls eine Linse – sie sitzt vorne auf dem Augapfel. Dahinter, an der Rückseite des Augapfels, liegt allerdings kein Film, sondern eine empfindliche Nervenschicht, die Netzhaut. Die Nerven schicken die empfangenen Informationen – also das Bild – ans Gehirn.
Damit dieses Bild scharf auf der Netzhaut ankommt, muss – wie beim Fotoapparat – der Abstand zwischen ihr und der Linse genau stimmen. Doch manchmal ist das nicht so. Dann nämlich, wenn der Augapfel ein bisschen zu lang ist. Dann ist der Abstand zwischen Linse und «Film» – also der Netzhaut – zu groß. Ein scharfes Bild würde kurz vor der Netzhaut entstehen. Das, was auf der Netzhaut ankommt, ist schon kein scharfes Bild mehr. Ein Mensch mit einer solchen Augapfelverformung ist kurzsichtig, das heißt, er sieht nur auf die Nähe scharf. Man kann das korrigieren, indem man vor das betroffene Auge eine Linse aus Glas, also ein Brillenglas setzt. Fällt der Augapfel ein bisschen zu kurz aus, kommt es zum umgekehrten Phänomen: Der Mensch ist weitsichtig, sieht also nur Gegenstände in der Ferne scharf. Auch das kann durch eine – allerdings andere – Brille ausgeglichen werden.
Die so genannte Altersweitsichtigkeit hat eine andere Ursache: Um nämlich nahe Dinge scharf zu sehen, muss sich die Linse im Auge

sehr stark krümmen. Im Alter gelingt dies oft nicht mehr richtig. Auch hier bietet eine Brille Abhilfe, in schwächeren Fällen genügt eine Lesebrille. cz

Warum fallen uns die Zähne aus?

Die meisten Babys haben bei ihrer Geburt zunächst einmal gar keine Zähne. Die kommen erst nach ein paar Monaten zum Vorschein. Als Erstes meistens die unteren Schneidezähne, dann die oberen, und wenn das Kind etwa zwei Jahre alt ist, ist der erste Zahnsatz komplett: 20 Zähne sind jetzt im Mund, mit denen sich schon prima beißen und kauen lässt. Für einen Erwachsenen allerdings würden diese kleinen Zähne – man nennt sie Milchzähne – nicht genügen. Denn das Gesicht ist seit der Kindheit gewachsen, und somit ist auch der Mund größer geworden. Die 20 Milchzähne wären für den erwachsenen Menschen zu wenig, zu klein und auch nicht fest genug im Kiefer verankert, da sie nur kurze Wurzeln haben. Der Zahnwechsel ist also eine ganz normale und auch wichtige Sache. Er beginnt im Alter von etwa sechs Jahren. Den Kindern fallen die ersten Milchzähne aus, und die neuen Zähne nehmen ihren Platz ein. Sie standen dafür schon einige Zeit versteckt im Kiefer bereit. Jetzt wachsen sie nach draußen und schieben dabei einfach die Milchzähne hinaus. Nach und nach kommen 32 neue Zähne zum Vorschein. Sie sitzen mit ihren langen Wurzeln fest im Kiefer, der jetzt seine endgültige Größe erreicht hat. Dieses Gebiss beziehungsweise die «bleibenden Zähne» müssen nun das ganze Leben lang halten, da ihnen keine neuen Zähne mehr folgen. Wir müssen also gut auf sie aufpassen und sie – wie schon die Milchzähne – immer gründlich putzen. Sonst sind sie irgendwann kaputt. Und dann helfen nur noch die «dritten Zähne» – ein künstliches Gebiss. Haifische haben es da besser: Egal, wie oft ihnen die Zähne ausfallen, es wachsen immer wieder neue nach. cz

Was ist Blut?

Blut ist der Lebenssaft unseres Körpers. Nicht nur Menschen haben es, sondern auch fast alle Tiere. Nur die Quallen und einige noch einfachere Tiere brauchen kein Blut zum Leben. Blut fließt in allen Körperteilen und Organen. Manche Stellen des Körpers, etwa das Gehirn, sind besonders stark durchblutet, die Knochen dafür weniger. Nur die Haare und die Fingernägel sind ganz blutleer.

Blut setzt sich aus verschiedenen Bausteinen zusammen. Am wichtigsten sind die roten Blutkörperchen – Blut besteht fast nur aus roten Blutkörperchen. Nicht so häufig sind die weißen Blutkörperchen. Sie haben auch andere Aufgaben als die roten. Damit das Blut flüssig ist, schließlich muss es durch den Körper fließen, schwimmen die Blutkörperchen im so genannten Plasma. Plasma ist nicht viel mehr als eine besondere Art Salzwasser. Die Mischung aus den verschiedenen Blutkörperchen und dem Plasma ergibt das Blut.

Blut ist nicht gleich Blut. Das Blut eines Hundes ist anders zusammengesetzt als das menschliche. Auch unter den Menschen gibt es Unterschiede im Blut. Die so genannten Blutgruppen. Wenn jemand bei einer Operation oder einem Unfall sehr viel Blut verloren hat, dann braucht er eine Blutspende. Dabei ist es wichtig, dass das gespendete Blut eine Blutgruppe hat, die der Blutgruppe des Verletzten ähnlich ist, sonst bekommt ihm die Blutspende nicht.

Blut hat viele Aufgaben im Körper, eine davon ist ganz besonders wichtig: Es transportiert den Sauerstoff von der Lunge in den ganzen Körper. Ohne Sauerstoff könnte unser Körper nicht arbeiten. Bekommen zum Beispiel die Muskeln zu wenig Sauerstoff, dann verkrampfen sie und beginnen zu schmerzen. Das Blut läuft in einem Kreislauf durch den Körper. Der Mittelpunkt dieses Kreislaufs ist das Herz. Das Herz ist nichts anderes als eine Pumpe. Eine Blutpumpe. Hört das Herz zu schlagen auf, dann kommt der Blutkreislauf zum Stillstand und der Mensch stirbt. Das Herz pumpt unser Blut in die Lungen. In den Lungen nimmt das Blut den Sauerstoff auf, den wir zuvor eingeatmet haben. Zuständig sind dafür die roten Blutkörperchen. Sie halten den Sauerstoff fest und nehmen ihn mit. Das mit Sauerstoff voll getankte Blut wird in die Arterien gepumpt. Arterien sind Adern, dicke Blutkanäle, die den Körper durchziehen. Die Arterien verzweigen sich in immer dünnere Adern. Auf ihrem Weg durch die Arterien und die nachfolgenden Adern laden die roten Blutkörperchen den Sauerstoff ab, den der Körper braucht. Hat das Blut den Sauerstoff abgeladen, kehrt es über die Venen, das sind Adern wie die Arterien, nur in der umgekehrten Richtung, zum Herzen zurück. Auf dem Rückweg nimmt es aber etwas mit: Kohlendioxid. Kohlendioxid ist das Abfallprodukt des Körpers. Der Sauerstoff wird von den Körperzellen sozusagen als Nahrung aufgenommen und das Kohlendioxid, als Abfall der Zellennahrung, wird ausgeschieden. Das ausgeschiedene Kohlendioxid nehmen die roten Blutkörperchen mit und tauschen es in den Lungen gegen Sauerstoff aus. Mit jedem Atemzug bringen wir dem Blut frischen Sauerstoff und nehmen ihm Kohlendioxid ab und atmen es aus.

Unser Körper braucht aber nicht nur Sauerstoff, sondern auch viele andere Stoffe zum Leben, zum Beispiel Vitamine, Eisen oder verschiedene Salze. Diese Nährstoffe nehmen wir über das Essen auf. Sie gelangen ins Blut und werden von ihm zu den Körperzellen transportiert. Auch Hormone nimmt das Blut mit. Hormone sind

Botenstoffe, die das Gehirn verwendet, um bestimmten Körperteilen Signale zu senden oder Befehle zu erteilen. Nicht zuletzt sorgt unser Blut dafür, dass wir gesund bleiben. Wenn nämlich Bakterien oder andere Krankheitserreger ins Blut gelangen, werden sie von den weißen Blutkörperchen abgefangen und unschädlich gemacht. Solange die weißen Blutkörperchen auf Zack sind, ist der Mensch gut vor Krankheiten geschützt. bs

Warum träumen wir?

Wenn wir schlafen, schläft hauptsächlich unser Körper. Unsere Muskeln entspannen, wir liegen meistens ruhig und unbeweglich da. Unser Gehirn aber schläft gar nicht die ganze Zeit. Es wacht in der Nacht fünf- oder sechsmal auf, übernimmt jedoch keine Kontrolle über den Körper und die Muskeln und nimmt auch nichts wahr von dem, was sich drum herum ereignet. In dieser Zeit träumen wir. Schlafforscherinnen und -forscher haben herausgefunden, dass das Gehirn während der Traumphasen wie im wachen Zustand arbeitet. Auch an den Augen eines schlafenden Menschen kann man sehen, wann er träumt: Die Augen machen dann schnelle Bewegungen, zucken hin und her. Vielleicht habt ihr das gleiche schon einmal an schlafenden Hunden oder Katzen beobachtet. Wenn wir schlafen und träumen, ist unser Gehirn also wach und arbeitet: Es ordnet und verarbeitet die vielen Eindrücke des Tages, sortiert unwichtige Erlebnisse aus und speichert neue Erinnerungsbilder ab. Man könnte sagen: Das Gehirn räumt auf. Und ähnlich, wie wenn wir beim Zimmeraufräumen eine Schublade mit Krimskrams entdecken und ausmisten, so kramt das Gehirn bei seiner Arbeit auch längst vergangene Bilder wieder hervor oder legt neue Erlebnisse in «Schubladen» mit alten Erfahrungen ab. Deshalb kommen manchmal ganz unwirkliche Träume und Bilder zustande. Wenn man jemanden, der gerade geträumt hat, aufwecken würde, könnte er seinen ganzen Traum erzählen. Das kann eine viel längere Geschichte sein, die er gerade erlebt hat, als die zwei, drei Minuten, die sein Traum in Wirklichkeit gedauert hat.

Unsere Traumphasen sind sehr kurz: Selbst wenn wir das Gefühl haben, wir hätten die ganze Nacht wild geträumt, so waren es in Wirklichkeit nicht mehr als zwei oder drei Minuten. Manche Menschen behaupten auch, nie zu träumen. Das stimmt aber nicht, sie erinnern sich nur nicht an ihre Träume. Das liegt an den verschiedenen Schlafphasen. Im Tiefschlaf wacht das Gehirn nicht auf, es ist wie bewusstlos. In dieser Zeit träumen wir gar nicht und können uns auch nicht an vorherige Träume erinnern, wenn wir aufgeweckt würden. In leichteren Schlafphasen träumen wir mehr und können uns auch daran erinnern. Am besten an die Träume, die man kurz vor dem Aufwachen hat. Man träumt gegen Ende des Schlafs mehr als zu Beginn. Manchmal sogar im Takt von einer halben bis einer ganzen Stunde, immer schneller, bis man ganz aufwacht. Bis das Gehirn uns signalisiert: Ich bin wieder aufgeräumt und fit für einen neuen Tag. Schlafforscherinnen und Traumforscher haben auch einen Zusammenhang herausgefunden zwischen der Zeit, die das Gehirn mit Träumen zubringt, und der Menge, die man tagsüber lernt und erfährt. Kleine Kinder, die ja sehr viel lernen müssen, weil für sie fast alles neu ist, träumen enorm viel. Sie brauchen auch mehr Schlaf. Wenn der Mensch älter wird und tagsüber nicht mehr so viel lernen muss, weil sich immer mehr Bekanntes in seinem Leben wiederholt, muss er weniger lang schlafen und träumt auch weniger. aw

Warum sind manche Menschen blond, manche schwarzhaarig und manche braunhaarig?

Unsere Haarfarbe bekommen wir von den Eltern vererbt. Ob jemand blond, braun- oder schwarzhaarig wird, ist also in unserem Körper-Bauplan vorprogrammiert. Nach diesem Bauplan werden die Haare eingefärbt, und das funktioniert so: Haare wachsen an einer bestimmten Stelle, der «Haarwurzel», aus der Haut. An der Haarwurzel sitzen unter anderem Zellen, die einen bestimmten Farbstoff herstellen, die Fachleute nennen ihn «Melanin». Dieses Melanin baut sich beim Wachstum in das Haar ein, und zwar je nach Haarfarbe mal mehr und mal weniger davon. Hat jemand blonde Haare, dann geben die farbgebenden Zellen nur wenig von dem Farbstoff in das wachsende Haar, bei braunen Haaren ist es etwas mehr und bei schwarzen besonders viel.

Bei roten Haaren ist die Sache ein bisschen schwieriger: Man vermutet, dass es neben dem einen Farbstoff, der die Haare blond, braun oder schwarz macht, noch einen zweiten gibt, der die Haare rot färbt. Aber so ganz genau weiß man es noch nicht. Was man hingegen sicher weiß, ist, warum die Haare weiß werden. Wenn ein Mensch älter wird, stellen die Zellen an seinen Haarwurzeln nach und nach immer weniger von dem farbgebenden Stoff her. Es wächst also auch weniger davon in die Haare ein. Stattdessen wird sehr viel Luft ins Haar eingeschlossen, und die lässt das Haar silbergrau bis weiß erscheinen. cz

Warum hat das Zebra Streifen?
Und andere Viechereien

Warum hat das Zebra Streifen?

Manchmal sieht man Pferde, auf deren Fell sich im hellen Sonnenlicht zarte Streifen abzeichnen. Da kommt ein altes Erbe der großen Pferdefamilie durch: Alle Pferdeverwandten (der Fachmann sagt «Equiden», vom lateinischen Wort «equus» für Pferd), zu denen auch Esel und Zebras gehören, haben eine gewisse Veranlagung zu gestreiftem Fell. Von Asien aus haben sich die Pferde in die Welt verbreitet. Als frühe Arten nach Afrika kamen, hatten die mit gestreiftem Fell einen ganz besonderen Vorteil: Sie wurden in der Savanne nicht so schnell von Raubtieren entdeckt. Denn in großer Hitze beginnt die Luft zu flimmern. Ab einer bestimmten Entfernung «verschwimmt» dann das Streifenmuster und ist am fernen Horizont fast nicht mehr zu sehen. Das Zebrafell wirkt also wie ein Tarnanzug. Es schützt die Tiere auch vor einem besonders gefährlichen Feind, der

in Afrika lebt und viele Opfer fordert: die Tsetsefliege. Dieses blutsaugende Insekt überträgt mit seinem Biss eine gefährliche Krankheit, die Nagana-Seuche. Man nennt sie auch «Schlafkrankheit». Nicht nur Tiere, auch Menschen können die Nagana-Seuche bekommen. Die Zebras mit ihrem gestreiften Fell jedoch bleiben meist von ihr verschont, weil die Fliege sie nicht entdeckt.
Gestreifte Tiere haben also einen deutlichen Vorteil gegenüber ungestreiften Tieren. Sie überleben länger und können daher mehr Kinder bekommen, die wiederum durch die Streifen besser geschützt und getarnt sind als ihre ungestreiften Artgenossen. cz

Warum haben Schildkröten einen Panzer?

Schildkröten, die wie Eidechsen und Schlangen zu den Kriechtieren gehören (man nennt sie auch Reptilien), haben mit ihrem Panzer einen ganz besonderen Schutz vor Feinden.

Er wehrt Angriffe ab, wie es der Schild eines Ritters tut. Und zugleich ist der Panzer wie eine Rüstung, denn wenn Gefahr droht, kann die Schildkröte Beine, Hals und Kopf dorthin zurückziehen und ist so wie in einer harten Dose gut geschützt. Fressfeinde beißen sich also an der Schildkröte im wahrsten Sinne des Wortes die Zähne aus.

Der Panzer besteht aus Knochenplatten, die in der Haut der Schildkröte entstehen und wachsen. Diese Knochenplatten sind überzogen von einer Hautschicht, die eine dicke Hornschicht bildet – so ähnlich wie uns Menschen zum Beispiel an den Füßen eine Hornhaut wächst. Die Hornschicht bildet übrigens das schöne Muster auf dem Panzer.

Das Ganze hat allerdings auch einen Nachteil: Der Panzer ist nämlich nicht nur dick und fest, sondern auch sehr schwer. Deshalb muss die Schildkröte ganz schön an ihm schleppen und kann sich nur langsam bewegen. Vielleicht sind aber gerade diese langsamen Bewegungen der Grund dafür, dass Schildkröten sehr, sehr alt werden können. Sogar die kleine Europäische Sumpfschildkröte, eine Art, die hier bei uns zu Hause ist, kann bis zu hundert Jahre lang leben. Große Arten werden noch wesentlich älter – wenn wir Menschen ihnen den Lebensraum lassen, den sie brauchen. cz

Warum frieren Pinguine und Eisbären nicht?

Eisbären gibt es in den Gebieten rund um den Nordpol, Pinguine hingegen leben am Südpol. Doch eines hat der Lebensraum dieser beiden Tierarten gemeinsam: Es wird dort im Winter sehr kalt, minus 30 Grad Celsius und kälter. Um das auszuhalten, haben Eisbären und Pinguine die beste Wärmeschutzkleidung, die es nur gibt.

Schauen wir uns zunächst die Pinguine an: Sie sind von einem dicken Federkleid umgeben. Die aufgeplusterten Federn halten viel Luft fest. Deshalb wird nur wenig Wärme an die Außenwelt abgegeben – Luft isoliert nämlich besonders gut, das heißt, sie verhindert die schnelle Wärmeabgabe vom Körper in die kalte Umgebung. Die Hülle von Federn und Luft wirkt also genauso wie eine dicke Daunendecke – und die ist ja eigentlich auch gar nichts anderes.

Doch da gibt es noch ein Problem: die Füße der Pinguine. Sie ragen dünn und unbedeckt aus den Federn heraus und stehen so auf dem kalten Eis. Haben Pinguine nicht ständig kalte Füße? Jawohl, das haben sie – und genau das müssen sie auch haben. Der ganze Blutkreislauf im Körper des Pinguins ist nämlich so aufgebaut, dass in den Füßen extra kaltes Blut fließt; die Wärme wird ihm schon vorher im Körper entzogen. So hat das Blut in den Pinguinfüßen nur etwa null Grad, während es etwas weiter oben um die 37 Grad hat. Kalte Füße auf kaltem Grund – das ist für den Pinguin in Ordnung. Denn *warme* Füße auf kaltem Grund würden erstens viel von der kostbaren Wärme nach außen abgeben, und zweitens würde das Eis an der Stelle schmelzen,

an der die Pinguinfüße es berühren und anwärmen. Natürlich würde das Schmelzwasser in der Kälte am Südpol sofort wieder gefrieren, und dann wäre der Pinguin mit den Füßen schnell im Eis festgefroren. Seine kalten Füße jedoch bringen das Eis nicht zum Schmelzen. Übrigens haben die meisten Vögel, die auf kalten Flächen leben, diese Möglichkeit, die Temperatur ihrer Füße abzusenken.

Ähnlich, wie das Federkleid den Pinguin, schützt den Eisbären sein dichtes Fell vor der Kälte. Zwischen den vielen Härchen des Eisbärenfells wird ein dickes Luftpolster festgehalten, und das verhindert, dass die Wärme nach außen gelangt oder Kälte nach innen dringt; es isoliert also besonders gut. Dazu kommt, dass sich die Eisbären vor dem Winter eine dicke Fettschicht anfressen, die ihren Körper nun schützt. Das Fett liegt direkt unter der Haut. Und da Fett ebenfalls sehr gut isoliert, hält es die Wärme im Körper des Tiers lange fest. Außerdem kann der Eisbär in mageren Zeiten, wenn er nicht so viel Beute findet, von diesem Fettvorrat zehren. Dem Problem der Füße begegnen Eisbären anders als Pinguine: Das Eisbärenfell wächst dick und lang die Beine herunter und fällt wie eine Decke bis auf die Zehen, zwischen denen ohnehin auch noch Fell wächst. Die Fußsohlen sind dazu noch mit dicken Fettpolstern und einer festen Hornschicht geschützt. Man könnte also sagen, dass Eisbären außer einem flauschigen Fellmantel auch noch bestens gepolsterte Winterstiefel mit dicken Sohlen haben. Probleme mit den Außentemperaturen bekommen die weißen Riesen daher eher im Sommer – denn es wird ihnen leicht zu heiß. Dann graben sie sich gerne eine Höhle, in der sie sich vor der Sonne verstecken und abkühlen können. cz

Warum gibt es keine Dinos mehr?

Dinosaurier würden auf deutsch Schreckensechsen heißen. Oder schreckliche Echsen. Kein sehr schöner Name. Da klingt Dinosaurier – oder Dino, wie wir abgekürzt sagen – doch viel netter. Nur waren die Dinos gar nicht so nett. Die Fleischfresser unter ihnen, die so genannten Raubsaurier, füllten ihre hungrigen Mägen mit allen Tieren, die sie kriegen konnten, und machten selbst vor ihren pflanzenfressenden Artgenossen nicht halt.
Die Dinosaurier waren die größten und stärksten Tiere der Welt. Brachiosaurus zum Beispiel war so groß wie ein hoher Kirchturm und wog wahrscheinlich mehr als zwanzig mittlere Elefanten. Und Supersaurus wurde so lang wie das Becken in einem Schwimmbad,

20 bis 25 Meter. Wenn so ein Supersaurus rannte, bebte die ganze Erde. Tyrannosaurus Rex, der bekannteste Raubsaurier, hatte einen Kopf so groß wie ein ganzes Kalb und Zähne so lang wie Brotmesser, und mindestens so scharf. Auf jedem seiner hundert Zähne hätte er leicht ein Kaninchen aufspießen können. Die Dinosaurier waren wirklich die Beherrscher der Erde. Kein Tiger, Löwe, Elefant oder Krokodil hätte jemals etwas gegen sie ausrichten können. Geschweige denn der Mensch. Und trotzdem sind sie ausgestorben. Wegradiert von der Liste der Erdbewohner. Allerdings lange, viele Millionen Jahre vor der Zeit, als die ersten Menschen entstanden.

Es gibt mehrere Theorien darüber, warum diese starken Tiere, die Beherrscher der Erde, ausgestorben sind. Manche Dino-Forscherinnen und -Forscher meinen, die Schalen der Dinosaurier-Eier seien so dick geworden, dass die Dinosaurier-Küken sie nicht mehr aufpicken konnten und schon in den Eiern verhungert seien. Andere Forscherinnen und Forscher hingegen glauben, die Eierschalen seien zu dünn geworden und hätten den Küken nicht mehr genug Schutz geboten. Diese beide Theorien sind aber nicht beweisbar.

Beweisbar ist hingegen der Einschlag eines riesigen Meteoriten auf der Erde vor etwa 65 Millionen Jahren. Forscher haben Spuren des Metalls Iridium gefunden, das beim Aufprall eines Meteoriten frei wird. Durch diesen Aufprall und das Loch, das der Meteorit in die Lufthülle um die Erde und in die Erde selbst gerissen hat, stiegen Gase und heißer Staub nach oben. Ein Feuerball muss auf der Erde alles Leben in einem Umkreis von Tausenden von Kilometern verbrannt haben. Und damit auch viele Dinosaurier und ihre Eier. Aber er hat nicht die ganze Tierart auf einen Schlag vernichtet. Die Dinosaurier sind nicht an einem einzigen Tag, auch nicht in einem Monat oder einem Jahr ausgestorben. Man nimmt an, dass es an die hunderttausend Jahre gedauert hat, bis sie endgültig von der Erde verschwunden waren. Von den bisher bekannten fast dreihundert verschiedenen Dinosaurier-Arten sind erst einmal dreißig übrig geblieben, dann nur noch vier. Davon drei pflanzen- und eine fleischfressende Art.

Die Wissenschaftlerinnen und Wissenschaftler glauben, dass diese riesigen Kolosse auf der Erde nicht mehr genug zu fressen gefunden haben. Denn durch den Einschlag des Meteoriten hat sich auch das Klima über einen langen Zeitraum verändert. Es wurde kälter, und deshalb wuchsen weniger Pflanzen, die den pflanzenfressenden Dinos schmeckten und die sie ernähren konnten. Und weniger pflanzenfressende Dinos oder auch kleinere pflanzenfressende Dinos bedeuteten zugleich weniger Nahrung für ihre fleischfressenden Verwandten, die Raubsaurier.

Freiwillig haben sich die Dinosaurier sicherlich nicht von der Welt verabschiedet. Aber eines Tages war ihre Zeit unwiederbringlich vorbei, der Letzte von ihnen starb. Wenn also heute irgendjemand behauptet, es gäbe noch einen einzigen Dinosaurier auf der Welt, dann schwindelt er oder hat zu viel Phantasie. aw

Warum können Tiere nicht sprechen?

Tiere können zwar Laute von sich geben und vieles ausdrücken, zum Beispiel Hunger, Schmerz, Angst oder gute Laune, sie können ihre Jungen anlocken, warnen und in ihre Schranken verweisen. Aber ein Tier kann nicht sagen: Komm, wir gehen jetzt fünf Häuser weiter in den ersten Stock, da gibt's was zu fressen für uns. Dafür gibt es zwei gute Gründe: Erstens macht ihr Körperbau und Stimmapparat den Tieren das Sprechen unmöglich. Denn zum Sprechen braucht man einen Kehlkopf und viel Platz im Mund, also einen hohen Gaumen. Bei Tieren ist der Kehlkopf, in dem die Laute entstehen, wenig ausgebildet. Da ist zwischen Zunge und Gaumen nur wenig Platz, das heißt, Tiere können die Zunge nicht so frei bewegen wie wir. Die meisten Tiere haben zudem Lücken zwischen den Zähnen, sodass sie Töne nicht so fein bilden können. Ihre Lippen sind auch nicht so beweglich wie die des Menschen. Wir können unsere Lippen falten oder dehnen zu einem runden O oder einem breiten A. Dabei bewegen wir die Zunge, machen den Gaumen größer oder kleiner und können durch diese Umgestaltung viele verschiedene Töne erzeugen. Der zweite Grund ist, dass Sprache mit Denken verbunden ist. Und zwar auch mit nichtgegenständlichem Denken. Wenn wir «Ball» sagen, dann meinen wir einen Gegenstand, den wir schon einmal gesehen haben, den wir kennen

Piep

und den auch ein Hund oder eine Katze kennen kann. Wenn wir aber sagen, «der Ball ist weg» oder «der Ball ist schön», dann sprechen wir über Abwesenheit und Schönheit. Abwesenheit und Schönheit sind keine Gegenstände, die man greifen kann, sondern Zustände oder Eigenschaften. Und in dieser abstrakten, also ungegenständlichen Form können Tiere nicht denken, und deshalb können sie auch nicht sprechen.

Aber könnten sie es – wie einst die Menschen – erlernen? Um das zu klären, wird immer wieder versucht, unseren nächsten Verwandten, den Schimpansen, das Sprechen beizubringen. Dabei hat man erstaunliche Erfolge erzielt. So können nämlich ganz junge Tiere einige Sprachlaute erzeugen. Wenn sie wachsen, verformt sich ihr Mundraum, und das Erzeugen von Sprachlauten fällt ihnen dann zunehmend schwerer. Doch wenn sie von klein auf trainiert werden, können sie eben ein paar Worte sprechen. Und mehr noch verstehen. Sie kennen Worte für Gegenstände wie Banane, Ball, Hand, Mund oder Fuß. Aber sie können nicht begreifen, was es bedeutet, wenn man ihnen sagt: «Jimmy, *morgen* holst du mir den *roten* Ball, *heute* lässt du ihn liegen.»

Papageienvögel, deren Zunge sehr beweglich ist, gelten als besonders sprachgelehrig. Tatsächlich plappern sie gerne Sätze wie: «Max iss blööd!» mit deutlich zu erkennenden S-Lauten und auch deutlichen O- oder A- oder I-Lauten. Und sie haben sicher auch begriffen, dass sie den Menschen damit zum Lachen bringen können, ihnen also eine große Freude machen. Trotzdem ist das kein Sprechen in unserem Sinn, sondern eine Sprachdressur. Denn der Papagei versteht nicht, was er sagt. Er würde genauso begeistert «nonononono» oder «kukukukukuku» von sich geben, wenn er dafür belohnt oder gestreichelt würde. Aber für einen solchen Unsinn lobt und belohnt ihn kein Mensch. Also plappert er lieber unsere Sätze nach. aw

Warum ertrinken Fische nicht?

Alle Tiere brauchen zum Atmen Sauerstoff. Menschen und Säugetiere holen sich ihn aus der Luft, indem sie einatmen. Der Sauerstoff gelangt dabei über die Lunge ins Blut und wird von diesem in den ganzen Körper transportiert. Doch nicht nur in der Luft gibt es Sauerstoff; auch im Wasser kommt er – in gelöster Form – vor. Und von dort holen ihn sich die Fische. Sie haben dafür ein spezielles Organ, die Kiemen, die hinter ihrem Kopf unter so genannten Kiemendeckeln liegen. Beobachtet man Fische, dann sieht man, dass sie mit dem Mund Bewegungen machen. So nehmen sie Wasser auf und drücken es durch die Kiemen hindurch, wo der Sauerstoff herausgefiltert wird. Fische haben also den Menschen etwas voraus: Sie können unter Wasser «atmen» – auch wenn man das bei ihnen nicht so nennt – und müssen deshalb nicht wie wir Menschen ertrinken, weil sie keinen Luftsauerstoff mehr bekommen.

Ganz im Gegenteil: Fische müssen an Land ersticken, weil dort ihre Atmung nicht mehr funktioniert. Da die Kiemen nicht mehr von Wasser umspült werden, kleben sie zusammen und bieten keine Fläche mehr für die Sauerstoffaufnahme. Ersticken können Fische jedoch auch im Wasser,

und zwar immer dann, wenn darin zu wenig Sauerstoff enthalten ist, vor allem also in schmutzigem Wasser, das viele faulende Stoffe enthält. Denn der Fäulnisprozess verbraucht Sauerstoff. In verschmutztem Wasser droht den Fischen bei der Sauerstoffaufnahme auch noch eine andere Gefahr: Da ihre Kiemen hauptsächlich aus feinen Plättchen und einer ganz dünnen Haut bestehen, können sie schnell durch Giftstoffe, Säuren oder scharfkantige Gegenstände verletzt oder verstopft werden. Sauberes Wasser ist also für das Wohlergehen der Fische sehr wichtig. Und für unseres natürlich auch. cz

Warum fliegen Mücken immer zum Licht?

Nicht nur Mücken werden geradezu magisch vom Licht angezogen, sondern auch Schmetterlinge wie Motten und andere Insekten – man nennt sie «nachtaktive» Insekten. Der Grund dafür sind ihre Augen. Sie sind ungefähr tausendmal lichtempfindlicher als Menschenaugen. Das heißt, für diese Insekten leuchtet das Licht tausendmal heller als für uns. Wenn wir in dunkler Nacht plötzlich in den Lichtkegel eines Autos blicken, sehen wir gar nichts mehr außer dem Licht. So geht es auch den nachtaktiven Insekten: Schon von Lampen, die noch lange nicht so hell sein müssen wie Autoscheinwerfer, werden sie völlig geblendet. In Panik versuchen sie zu fliehen, flattern wild umher und kommen doch meist nicht mehr aus dem hellen Kegel des Lichts heraus.

Insektenforscherinnen und -forscher machen sich diesen Effekt zunutze: Sie fangen Nachtfalter und andere nachtaktive Insekten mit einem so genannten Leuchttuch. Das klingt gemein, oder? Doch die Forscherinnen und Forscher sind es auch, die bemerkt haben, dass es in der Umgebung von hellen Straßenlampen deutlich weniger Insektenarten gibt als in dunkleren Gegenden. Deshalb fordern sie, dass man bei der Straßenbeleuchtung auf starke Lichtquellen verzichtet, weil diese geradezu wie eine Insektenfalle wirken, und stattdessen lieber viele schwache Lampen einsetzt.

Stechmücken allerdings haben neben dem Licht noch einen weiteren Grund dafür, dass sie uns an schönen warmen Sommerabenden einen Besuch abstatten. Sie sind nämlich auf der Suche nach Futter: Hungrige Mücken riechen bereits in sehr weiter Entfernung, wo sich Menschen befinden, deren Blut sie aussaugen können. Da nützt es also gar nichts, das Licht auszuschalten. cz

Wie überwintern Eichhörnchen?

Eichhörnchen – oder Eichkätzchen, wie man sie in Süddeutschland nennt – gehören wie die Murmeltiere zur Familie der Hörnchen. Alle sind Nagetiere. Sie fressen vor allem Samen, Zapfen, Nüsse und Früchte, aber sollten sie zufällig an einem Vogelnest vorbeikommen, verschmähen sie auch Vogeleier nicht.

Eichhörnchen sind Meister im Klettern. Darin sind sie sogar noch besser als Katzen. Das liegt an ihrem langen, buschigen Schwanz, den sie als Balancestange, Gleitschirm und Steuerruder benutzen.

Aber der Schwanz hat noch einen anderen Zweck: Im Winter dient er den Eichhörnchen als Decke. Wenn es draußen kalt ist, dann rollt sich das Eichhörnchen in seinem Nest zusammen und wickelt den langen Schwanz um sich herum. Darunter hat es das Tier so warm wie wir unter einer Daunendecke. So eine warme Zudecke ist sehr wichtig. Denn Eichhörnchen sind schlechtwetterscheu. Sobald es regnet oder schneit, vergeht ihnen schlagartig die Lust, draußen herumzutollen. Bei schlechtem Wetter sind sie nur an einem Ort: in ihrem Nest. Diese Nester nennt man Koben oder Kobel. Sie sind sehr bequem, warm und vor allem trocken.

Egal, ob sich ein Eichhörnchen einen hohlen Baumstumpf als Wohnung aussucht oder ob es sein Nest in eine Astgabel baut: Eichhörnchennester haben immer ein Dach, einen von innen verschließbaren Eingang, und sie sind so warm gepolstert, dass das Eichhörnchen auch im tiefsten Winter darin nicht erfrieren muss.

So ein Eichhörnchennest ist zwar kuschelig warm, es hat aber keinen Vorratskeller, in dem das Eichhörnchen seine Wintervorräte aufheben könnte. Um trotzdem im Winter etwas zu essen zu haben, sammeln die Eichhörnchen im Herbst so viele Vorräte wie möglich und verstecken sie in eigens dafür gegrabenen Löchern oder in hohlen Baumstämmen. Am liebsten verstecken sie Nüsse. Denn Nüsse sind in ihren Schalen perfekt verpackt, sozusagen frostsicher, und die Eichhörnchen müssen nur noch die Verpackung, also die Nussschale, aufbeißen. Mit ihren scharfen Nagezähnen ist das kein Problem.

Im Winter machen Eichhörnchen nur zwei Dinge: Bei schlechtem Wetter bleiben sie zu Hause im Koben und schlafen. Bei schönem Wetter krabbeln sie aus ihren Nestern und suchen ihre Vorratsverstecke auf, deren Inhalt sie dann gleich an Ort und Stelle verputzen.

Auf diese Weise kommen Eichhörnchen normalerweise bestens durch den Winter. Doch wenn es im Herbst nicht genügend Futter gibt, dann können sie auch keine großen Vorratsverstecke anlegen

und müssen im Winter fasten. Und wenn es sehr viel schneit, kann es passieren, dass sie nicht an alle ihre Verstecke herankommen können. In Deutschland allerdings müssen die Eichhörnchen weder verhungern noch erfrieren. Denn Eichhörnchen können auch in Sibirien überleben, und dort ist der Winter sehr viel länger und härter als bei uns. Außerdem haben sie, wie alle heimischen Tiere, ein untrügliches Gefühl dafür, wie hart der Winter werden wird. Und wenn ein kalter Winter bevorsteht, dann wächst ihnen nicht nur das Winterfell besonders buschig, sondern sie sammeln doppelt so fleißig Nüsse und Zapfen für ihren Wintervorrat. bs

Warum miauen Katzen?

Wenn die Katze beim Ausatmen die Luft aus ihrer Lunge durch den Kehlkopf presst, ertönt ein «Miau». Und das «Miau» ist der einzige Laut, den Katzen von sich geben können – andere Töne beherrschen sie nicht. Ihr Kehlkopf und der ganze Rachen sind nicht dafür gebaut. Das hat wahrscheinlich damit zu tun, dass ihre Vor-

fahren als Einzeltiere lebten, und wenn man sowieso keinen Partner hat, mit dem man sich unterhalten kann, dann braucht man auch nicht viel zu sagen. Natürlich gibt es Situationen, in denen eine Katze ihren Standpunkt ganz klar machen muss. Wenn sie etwa bedroht wird oder wenn sie jemanden gern mag. Aber dafür braucht sie nichts zu sagen, das kann sie durch Schnurren oder Fauchen ausdrücken. Katzen können also nicht wie Menschen miteinander reden, aber sie können viel besser hören. Zum einen können sie ihre Ohren in die Richtung drehen, aus der das Geräusch kommt. Das kann der Mensch nicht. Zum anderen hören Katzen noch Töne im Ultraschallbereich. Das sind Töne, die so hoch sind, dass wir Menschen sie nicht mehr hören können. Und möglicherweise können Katzen Töne im Ultraschallbereich erzeugen. Die Wissenschaftlerinnen und Wissenschaftler sind sich noch nicht ganz sicher. Sie glauben aber, dass Katzenkinder sich mit ihren Müttern im Ultraschallbereich unterhalten. Vielleicht sagen Katzen also gar nicht immer nur «miau», sondern geben eine Vielzahl von Lauten von sich, nur können wir Menschen diese nicht hören. bs

Warum sind in der Natur die Männchen schöner als die Weibchen?

Besser müssen wir uns fragen, warum wir die männlichen Tiere schöner finden. Es ist richtig, sie sind meistens auffälliger, oft bunter, fast immer größer, stärker, haben die dichteren Mähnen, das mächtigere Geweih, das farbenprächtigere Gefieder, also warum sollen wir sie nicht schöner finden? Die Zoologen, also die Tierforscherinnen und Tierforscher, glauben, dass das kein Zufall ist, sondern dass die Natur damit einen Zweck verfolgt: Die Männchen wollen sich alle vermehren, das heißt ihr Erbgut an ihre Nachkommen weitergeben. Und so starten sie eine Art Werbekampagne, um die Weibchen zu beeindrucken. Die «schönsten» Männchen sind daher in der Regel die gesündesten, widerstandsfähigsten und stärksten Tiere. Sie werden von den Weibchen bevorzugt ausgewählt oder dürfen den schwächeren Männchen die Weibchen wegschnappen. Auf diese Weise stellt die Natur sicher, dass die Nachkommen nur die besten Eigenschaften erben und also die größten Überlebenschancen haben.

Nehmen wir einmal den Löwen, den König der Tiere. Der männliche Löwe ist groß, stark, hat eine dichte Mähne, die so genannte Löwenmähne, die sichtbar anzeigt, wie kräftig er ist. Er liegt gerne in der Sonne und ist recht faul. Jagen und für Nahrung sorgen müssen hauptsächlich die weiblichen Tiere, die Löwinnen. Außerdem müssen sie die Jungen zur Welt bringen, sie großziehen und sie auch noch vor ihren Vätern schützen, die bisweilen wenig liebevoll ihrem männlichen Nachwuchs auch noch nach dem Leben trachten. Trotzdem ist die Kraft und Pracht der Löwenmänner nicht umsonst. Denn in der Paarungszeit ist Damenwahl. Und die Löwinnen wählen eindeutig den größten und stärksten Löwen, der sich am besten genährt präsentiert. So stellen sie sicher, dass ihre Babys selbst einmal groß und stark werden.

Anders verhält es sich beim Platzhirsch, der, wie der Name schon sagt, den Platz hält zur Brunftzeit. Jedes Jahr kommt es zu neuen Kämpfen zwischen den männlichen Hirschen mit ihren mächtigen Geweihen. Nicht die Weibchen entscheiden, wer ihnen am besten gefällt, sondern der Sieger des Kampfes darf sich mit den Weibchen des Rudels paaren. Der Platzhirsch, der schönste und stärkste, muss sich aber auch den Rest des Jahres um seine «Frauen» und ihren Nachwuchs kümmern. Er muss Feinde vom Rudel abwehren, hat zum Fressen kaum Zeit, wird zunehmend magerer, verausgabt sich, verliert vielleicht sogar sein prächtiges Geweih und kann im nächsten Jahr kaum in die Konkurrenz starten. So erben die Rehkitze nicht nur die besten Eigenschaften, sondern werden in ihren ersten Lebensmonaten auch vom stärksten Mitglied des Rudels beschützt, was ihre Überlebenschancen deutlich erhöht.

Einen richtigen Schönheitswettbewerb veranstalten zur Fortpflanzungszeit die Stichlings-Männer, kleine Fische, die sonst das ganze Jahr über sehr unauffällig grau-schwarz zu Tausenden durch die Seen schwimmen. Plötzlich bekommen sie leuchtend blaue Augen und einen rot gefärbten Bauch. Schön sieht das aus. Wie kleine Signallampen schießen sie herum und locken die weiblichen Stichlinge in ihr sorgsam vorbereitetes Nest zur Paarung. Wer den rötesten Bauch hat, den schönsten könnte man auch sagen, dem folgen die meisten Weibchen. Die Strategie der Stichlingsmännchen zur Vererbung ihrer Eigenschaften ist also Auffallen um jeden Preis, denn kämpfen können sie nicht so richtig.

Ähnlich verhalten sich auch Vögel. Damit die männlichen Tiere den weiblichen überhaupt auffallen, damit sie bemerkt werden, ziehen sie ihr schönstes, buntes Gefieder an, zwitschern verlockende Töne und hoffen, anziehend auf die Weibchen zu wirken. Wenn der Gesang mal nicht so harmonisch schön klingt, dann sind es warnende Vogellaute, die einem Männchen in nächster Nähe anzeigen sollen, dass das Revier schon besetzt ist. Nur ziehen die Vögel, die schönen männlichen, ihre bunten Federn das ganze Jahr nicht mehr aus.

Viele Tiermännchen sind durch ihr buntes Äußeres aber auch viel gefährdeter als die Weibchen, weil sie ihren Feinden viel eher auffallen. Aber auch das scheint seinen Sinn zu haben: So können sie die Feinde leichter von brütenden Weibchen ablenken, die durch ihr unauffälligeres Äußeres viel besser getarnt sind. aw

Warum wird das Federkleid nicht nass?

Wenn Enten unter Wasser nach Futter suchen, steckt oft nicht nur das Köpfchen, sondern der ganze Körper unter Wasser. Nach dem Tauchgang perlt das Wasser auf geradezu geheimnisvolle Weise vom Gefieder ab – trotz seines Ausflugs zum Grund des Sees scheint der Wasservogel trocken wie zuvor. Das hat mehrere Gründe. Einer ist die Anordnung der großen Federn im Gefieder. Wie Dachziegel überlappen sie einander. Besonders gut kann man das an Brust und Hals des Vogels sehen: Eine Feder verdeckt immer ein Stück der anderen – so wie wir das auch von den Schuppen der Fische kennen. Der Körper des Vogels ist dadurch schon recht gut geschützt. Dazu kommt, dass die äußeren Deckfedern einen be-

sonderen «Bauplan» haben. Sie bestehen aus einem langen, harten Schaft, der wie ein Stiel in der Mitte der Feder liegt. An diesem Schaft sitzen seitlich Äste, oft mehr als tausend. Und an jedem dieser Äste wiederum sitzen Hunderte von Seitenästchen. Die sind mit feinen Häkchen versehen und verhaken sich damit ineinander. Durch diesen Bau und durch ihre Anordnung bilden die Deckfedern eine gute Schutzschicht um den Vogelkörper. Damit sie auch wirklich wasserdicht ist und das darunter liegende Daunengefieder vollständig gegen Nässe schützt, benötigt sie allerdings einen Ölüberzug. Der sorgt dafür, dass das Wasser vom Federkleid abperlt. Vögel, die im oder am Wasser leben, ölen darum ihr Gefieder ständig ein. Das Öl stellen sie her in einer kleinen Drüse, die oberhalb ihres Schwanzes sitzt, der so genannten Bürzeldrüse. Man kann gut beobachten, wie die Vögel immer wieder mit dem Schnabel an diese Drüse fahren und dann das Öl im ganzen Gefieder verteilen. Eigentlich kann man sagen, die Vögel cremen sich ständig frisch ein – und sie haben ihre eigene kleine Cremefabrik immer dabei. So eingefettet ist nun das Deckgefieder wasserdicht. Die unteren Federn, die Daunen (man sagt auch «Dunen»), bleiben trocken und können ihre wichtige Aufgabe erfüllen. Sie schützen den Vogelkörper vor Kälte, aber auch vor Hitze und bilden also eine richtige Isolationsschicht. Ist das nicht praktisch?
Manchmal werden allerdings auch Vögel bis auf die Haut nass – freiwillig. Wenn sie nämlich das Gefühl haben, dass mal wieder ein Bad nötig ist, stellen sie einfach ihr äußeres Gefieder auf und wälzen sich so im Wasser oder in einer sandigen Kuhle. Das sieht ziemlich lustig aus und macht auch gehörig Krach, denn sie plantschen dabei kräftig herum. Zum Abschluss schütteln sie sich heftig. Dabei werden Hautschuppen und andere Verschmutzungen zusammen mit dem Sand oder Wasser aus dem Gefieder herausgeschüttelt. Und nach so einem Bad machen es die Vögel wie die meisten von uns – sie cremen sich wieder kräftig ein. cz

Warum glüht das Glühwürmchen?

Glühwürmchen sind eigentlich gar keine «Würmchen», sondern Käfer. Und bei dieser Käfer-Art können die Männchen fliegen, die weiblichen Tiere aber nicht. Damit sie trotzdem bei der Partnersuche zueinander finden, leuchten sie. Die Weibchen sehen vom Boden die Männchen blinkend durch die Luft schweben, blinken ihrerseits heftig und zeigen damit ihre «Bodenposition» an. Glühwürmchen benutzen also Leuchtsignale: Ganz schön raffiniert!

Um zu glühen, produziert der Körper der Käfer zwei chemische Stoffe, die wunderbare Namen haben, sie heißen nämlich Luziferin und Luziferase, also so ähnlich wie Luzifer, der Teufel. (Und tatsächlich bedeutet der Name «Luzifer» ja «Träger des Lichts».) Wenn zu den beiden Stoffen Luziferin und Luziferase noch Sauerstoff (aus der Luft) kommt, dann beginnen die Glühwürmchen zu leuchten. Dabei strahlen sie übrigens ein ganz besonderes, nämlich ein kaltes Licht aus. Normalerweise entsteht ja zusammen mit Licht auch sehr viel Wärme – man kennt das von Glühbirnen, die schon nach kurzer Brenndauer so heiß sind, dass man sie kaum noch anfassen kann. Doch das Licht des Glühwürmchens leuchtet fast ohne dass dabei Wärme entsteht – es arbeitet also ganz energiesparend.

Es gibt übrigens in der Natur noch viele andere Tiere, vor allem Schnecken, Krebse und Fische, die nach demselben Prinzip leuchten. Den meisten von ihnen

dient ihr Licht genau wie dem Glühwürmchen bei der Partnersuche. Einige Arten nutzen es auch für andere Zwecke, wie zum Beispiel der Tiefseeanglerfisch. Mit dem Leuchtorgan, das er an einem kleinen Fortsatz vorne am Kopf trägt, lockt er in der Dunkelheit der Tiefsee kleine Fische an, die dann zu seiner Beute werden. cz

Warum erziehen Bärenmütter ihre Kinder allein?

Bären sind Einzelgänger. Vor allem die Männchen lieben es, allein und ungestört herumzustreunen. Ungestört heißt für die Bärenmännchen aber auch: ohne Bärenkinder. Gute Familienväter sind sie nicht. Im Gegenteil. Für Bärenmänner sind Bärenkinder eher Leckerbissen als Familienmitglieder. Daher lassen die Bärenmütter niemanden an ihre Kinder heran, vor allem kein Bärenmännchen. Sie kommen ja auch bestens ohne Männchen aus. Den Schutz der Männchen brauchen sie nicht, weil Bären, außer dem Menschen, keine natürlichen Feinde haben. Und da Bären praktisch Allesfresser sind – sie ernähren sich von Wurzeln, Früchten, Fleisch und Fisch –, kann die Bärin allein genügend Nahrung für sich und ihre Kinder heranschaffen.

Gleich nach der Geburt und in den ersten Monaten muss sie das aber gar nicht tun. Denn geboren werden die Bärenkinder im Dezember und Januar, während des Winterschlafs. Obwohl die Bären nicht den ganzen Winter lang schlafen, sondern zwischendurch immer mal wieder kurz aufwachen, brauchen sie während dieser Zeit nichts zu essen. Für die Bärenmutter heißt das: Sie hat bis April Zeit, ihre Kleinen zu stillen, ohne selbst nach Nahrung suchen zu müssen. Die Babys genießen also im Winter eine ungestörte Kinderstube in der Bärenhöhle. Im April ist der Winterschlaf beendet, und die Bärin geht mit ihren zwei bis fünf Jungen auf Nahrungssuche.

Die Kinder werden noch zwei Jahre lang von der Mutter gestillt, auch wenn sie schon andere Sachen essen können. Erst dann sind die Bärenkinder groß und stark genug, um sich vor ihren Vätern nicht mehr fürchten zu müssen. bs

Warum fallen die Vögel im Schlaf nicht vom Baum?

Die Krallen der Vögel sind das, was bei uns Menschen die Zehen sind: die vordersten Gelenke der Füße. Mit denen halten sie sich beim Sitzen auf den Ästen. Eigentlich müssen sie dafür gar nichts tun, das passiert ganz automatisch: Wenn sich ein Vogel hinsetzt

und zusammenkuschelt, knickt er die Beine ein – und beugt dabei die gleichen Gelenke, die auch wir beugen, wenn wir in die Hocke gehen, nämlich das Fersen- und das Kniegelenk. Und da liegt nun der Trick: Wenn der Vogel diese Gelenke beugt, wird gleichzeitig an einer Sehne gezogen. Sehnen sind so etwas Ähnliches wie Gummibänder, die die Gelenke zusammenhalten. Die besondere Sehne, von der hier die Rede ist, läuft im Vogelbein hinten an den Gelenken entlang bis in die Krallen des Vogels. Schön einzeln führt ein Sehnenstrang in jede Kralle hinein, bis ganz nach vorne. Wenn der Vogel nun in die Hocke geht, dehnt sich die Sehne an der Ferse. Und weil sie wie ein Gummiband funktioniert, zieht sie dann stärker an den Zehen: Die schließen sich nun wie von alleine um den Ast. Erst wenn der Vogel seine Beine wieder streckt, öffnen sich die Krallen, und er kann wegfliegen.

Abgesehen von den Nachtvögeln, die sich erst in der Dämmerung auf die Jagd begeben, schlafen die meisten Vogelarten übrigens nachts. Doch nicht sehr lange und auch nicht besonders tief. Sie müssen immer auf der Hut sein, um nicht Beute der vielen Jäger zu werden, die um sie herumschleichen, Katzen oder Marder zum Beispiel. Da ist ein dünner Zweig ganz oben auf einem hohen Baum immerhin schon mal ein recht sicherer Platz. cz

Warum haben Schnecken ein Haus?

Vor etwa 500 Millionen Jahren hatten Weichtiere wie Schnecken noch keine Schalen oder Gehäuse. Es war ein großer Fortschritt in der Entwicklungsgeschichte, als sich das änderte. Denn Häuser bieten Schutz. Die Schnecke kann sich dorthin zurückziehen, wenn sie von Feinden bedroht wird oder wenn die Sonne ihren zarten Körper auszutrocknen beginnt. Im Winter oder bei langen Trockenperioden kann sie das Gehäuse sogar zusätzlich mit einem harten Deckel verschließen und schützt sich damit noch besser vor der Kälte oder vor dem Vertrocknen.

Es gibt etwa 100 000 Wasser- und Landschneckenarten auf der Welt, davon haben 90 000 so ein schützendes Haus. Die übrigen sind Nacktschnecken. Sie sind allerdings nicht in der Entwicklung zurückgeblieben, sondern wieder ein Stückchen vorangeschritten. Denn auch diese Arten hatten früher ein Haus. Doch das ist in der Entwicklungsgeschichte nach und nach wieder verschwunden, vermutlich, weil sie es nicht so dringend benötigten. Und ohne ein schweres Gehäuse auf dem Rücken hat die Schnecke schließlich den Vorteil, wesentlich beweglicher und schneller zu sein. Auch Nacktschnecken müssen jedoch dafür sorgen, dass ihr Körper, der zum größten Teil aus Wasser besteht, nicht der prallen Sonne oder großer Hitze ausgesetzt ist. Statt in einem Gehäuse verstecken sie sich unter Steinen, in hohlen Bäumen oder im hohen Gras. cz

Warum sind Fische stumm?

Egal, ob man es nun «sprechen» nennt oder nicht, Fische sind jedenfalls keineswegs stumm. Auch unter Wasser können sie Geräusche erzeugen. Ein Beispiel sind die Meerraben, eine Fischart, die unter anderem im Mittelmeer und im Schwarzen Meer vorkommt. Meerraben wurden dabei beobachtet, wie sie Geräusche von U-Booten nachahmten. Allerdings haben Fische natürlich keine so hoch entwickelte Sprache wie Menschen. Wir erzeugen Sprachlaute mit dem so genannten «stimmbildenden Apparat» in Hals, Kehlkopf und Kehle. So etwas besitzen Fische nicht. Sie erzeugen Töne und Geräusche anders, indem sie zum Beispiel mit den Zähnen knirschen oder eine Art Grunzlaute ausstoßen. Manche Fische können bestimmte Knochen in den Flossen, die so genannten Flossenstrahlen, aneinander reiben und erzeugen somit klickernde Geräusche. Trommlerfische wiederum klopfen mit Knochen oder Muskeln auf die harte Luftblase in ihrem Inneren, die alle Fische haben, um ohne größere Anstrengung im Wasser zu schweben. Diese verschiedenen Geräusche dienen Fischen dazu, sich einander mitzuteilen, einen Partner zu suchen oder ihre Feinde zu vertreiben. Viele Fischarten heißen übrigens nach den Lauten, die sie erzeugen – der Knurrhahn zum Beispiel oder der schon erwähnte Trommlerfisch.

Es gibt noch eine andere Methode, mit der sich Fische ihrer Umgebung – allerdings lautlos – mitteilen können. Einige von ihnen senden nämlich schwache elektrische Signale aus. In trüben, undurchsichtigen Gewässern können sie so ihren Artgenossen anzeigen, wo sie sich befinden. cz

Warum brennt die Brennnessel?

Pflanzengeheimnisse

Warum brennt die Brennnessel?

Auf der Brennnessel wachsen winzige Härchen, und zwar sowohl auf den Blättern als auch auf dem Stiel. Sie heißen Brennhaare – wegen ihrer unangenehmen Wirkung, die wohl jeder schon einmal kennen gelernt hat. Schaut man die Brennhaare mit einer guten Lupe oder unter dem Mikroskop an, erkennt man, dass sie fast wie kleine Nadeln aussehen, die allerdings nicht spitz zulaufen, sondern ein rundes Köpfchen an ihrem Ende haben. Kommt man der Brennnessel zu nahe, dann brechen diese Brennhaare ab. Und zwar schräg, sodass an den Nadeln nun wirklich eine Spitze entsteht. Die pikst den «Angreifer» und «impft» ihm quasi den Zellsaft der Brennnessel ein. In dem ist Kieselsäure enthalten, die die angepikste Haut jucken und brennen lässt. Kratzt man, dann verteilt sich die Kieselsäure noch mehr, das Brennen und Jucken wird schlimmer, und es bilden sich Pusteln.

Die Brennhaare sind also für die Brennnessel eine tolle Waffe! Doch sie will sich damit nur schützen gegen das Gefressen-Werden, so wie andere Pflanzen sich beispielsweise durch Dornen schützen oder dadurch, dass sie giftig sind. Die Brennnessel braucht diesen Schutz, denn viele Tierarten finden sie sehr lecker. Vielleicht liegt das daran, dass sie eine große Menge an Vitaminen und Mineralsalzen enthält, Stoffe, die Tiere dringend brauchen.

Es gibt übrigens einige Tierarten, denen die Brennhaare nichts ausmachen. Vor allem sind das Raupen von Schmetterlingen wie die des prachtvollen Admirals, des Kaisermantels oder des Tagpfauenauges. Manche Schmetterlingsraupen ernähren sich sogar ausschließlich von Brennnesseln; wenn sie keine finden, müssen sie verhungern. Ohne die Brennnessel gäbe es also ein paar der schönsten Schmetterlingsarten nicht mehr!

Wenn man das bedenkt, und wenn man weiß, dass die Reizung der Haut durch die Brennnessel nicht wirklich gefährlich ist, dann kann man eigentlich ruhig ein paar Exemplare dieser Pflanze stehen lassen – und einfach einen großen Bogen darum machen. cz

Was ist Baumharz?

Baumharz ist wie ein flüssiges Pflaster, mit dem Bäume Verletzungen ihrer Rinde verschließen. Wird etwa ein Ast vom Sturm abgebrochen, dann stößt der Baum das klebrige Harz genau an dieser Stelle aus und ersetzt so die Rinde. Unter dem Harz wächst die Rinde wieder nach.

Das Harz wird im Baum produziert, und zwar von den Harzdrüsen. Drüsen gibt es auch im menschlichen Körper, nur produzieren menschliche Drüsen andere Stoffe, solche, die der Mensch zum Leben braucht. Die Harzdrüsen sind über den ganzen Stamm verteilt.

Damit das Harz überall hinkommen kann, gibt es Kanäle im Baumstamm, in denen der Baum sein Harz speichert, bis es gebraucht wird.

Nicht alle Bäume haben gleich viel Harz. Kiefern zum Beispiel haben sehr viel Harz. Ein Stück Kiefernholz wird immer etwas klebrig sein, solange es noch nicht vollkommen trocken ist. Und das kann Jahre dauern. Eichen dagegen haben sehr wenig Harz. In dem harten Holz der Eiche ist einfach zu wenig Platz für große Harzkanäle.

Auch die verschiedenen Gerüche der Holzarten hängen mit dem Harz zusammen. Je mehr Harz ein Baum hat, umso intensiver und würziger riecht sein Holz. Fichte zum Beispiel riecht wie ein nagelneues, unlackiertes Regal aus dem Baumarkt. Kiefer riecht ganz ähnlich, nur viel stärker. Eiche oder Ahorn dagegen riechen nur schwach und manchmal auch gar nicht.

Von einer besonderen Harzsorte habt ihr sicher schon einmal gehört. Vom Harz des Kautschuk-Baumes. Aus diesem Harz wird Gummi gemacht. Kautschuk-Bäume werden auf Plantagen angebaut, um genügend Kautschuk-Harz ernten zu können. Das Harz wird in Schüsseln aufgefangen und zu Gummi weiterverarbeitet. Daraus werden dann Gummiringe, Quietschenten, Badekappen, Autoreifen und tausend andere Sachen gemacht. bs

Warum muss man beim Zwiebelschneiden weinen?

Schon im alten Ägypten erhielten die Arbeiter, die an den Pyramiden bauten, Zwiebeln als Lohn für ihren Fleiß. Zwiebeln dienen also den Menschen schon sehr lange als Nahrungsmittel. Und genauso lange klagen die Menschen darüber, dass ihnen beim Schneiden der Zwiebel die Augen tränen und die Nase läuft. Zwiebeln sind Lauchgewächse wie Knoblauch, Schnittlauch, Bärlauch und Porree. Alle diese Lauchgewächse enthalten bestimmte Schwefelstoffe, die entweichen, wenn die Zwiebel zerschnitten oder zerdrückt, man kann auch einfach sagen, «verletzt» wird. Gelangen diese Stoffe ins Auge, dann bilden sie zusammen mit der Tränenflüssigkeit Schwefelsäure, und die reizt das Auge so sehr, dass wir weinen müssen. Denn der Körper produziert Tränen, um den Reizstoff aus dem Auge zu spülen oder zumindest so stark zu verwässern, dass der Schmerz nachlässt.

Die Inhaltsstoffe der Zwiebel haben übrigens auch nützliche Eigenschaften: Frischer Zwiebelsaft heilt Entzündungen oder verhindert, dass sie überhaupt entstehen. Lange bevor die Menschen den Grund dafür wussten, machten sie sich die heilenden Eigenschaften zunutze: Auf Bienenstiche hat man als Hausmittel eine frisch angeschnittene Zwiebel gepresst. cz

Warum gibt es auf hohen Bergen keine Bäume?

Bei einem Blick auf die Berge kann man ganz gut erkennen, ab welcher Höhe es keine Wälder mehr gibt. Das ist die «Waldgrenze». Aber auch darüber finden sich noch einzelne Bäume. Sie haben wohl einst als Samen einen besonders guten und geschützten Platz gefunden, auf dem sie bis jetzt überlebt haben – manchmal viele hundert Jahre lang. Doch ab irgendeiner Höhe gibt es auch keine einzelnen Bäume mehr, dann ist die «Baumgrenze» erreicht. So bezeichnet man die Höhe, ab der überhaupt keine Bäume mehr wachsen.

Dass es eine Baumgrenze gibt, hat verschiedene Gründe. Zunächst einmal die Temperatur: Bäume brauchen eine bestimmte Zeit lang eine gewisse Wärme, damit sie überhaupt wachsen können: mindestens 10 Grad Celsius. Diese Zeitspanne nennt man «Vegetationszeit». Ein Wald braucht mindestens eine Vegetationszeit von 60 Tagen – so lange also muss die Lufttemperatur 10 Grad oder höher sein. Doch noch andere Dinge sind wichtig für das Wachstum, nämlich Wasser und Nährstoffe – da sind Bäume eigentlich genau wie wir Menschen. Und auch für sie kann es zu viel oder zu wenig davon geben. Hochmoore zum Beispiel bieten viel Wasser, aber nur ganz wenig Nährstoffe – das ist gut für Moose, aber schlecht für Bäume; die können hier nicht wachsen. Auch steile, felsige Flächen sind kein Standort für Bäume, weil sie sich dort mit ihren Wurzeln nicht festhalten können. Und in den Rinnen der Berghänge, wo im Winter Schneelawinen ins Tal stürzen und in wärmeren Zeiten das Regen-

Baum 6.

und Schmelzwasser abläuft, können sich nur Büsche halten. Vor allem die Zwergkiefern (in Bayern und Österreich sagt man zu ihnen «Latschen») sind sehr genügsam und so biegsam, dass Lawinen einfach über sie hinwegdonnern.

Fünf Dinge sind also für das Wachstum von Bäumen entscheidend: die Temperatur, die Menge an Wasser, die Menge an Nährstoffen, die Beschaffenheit des Bodens und die Steilheit des Geländes. Weil alle diese Punkte wichtig sind, liegen sowohl Wald- als auch Baumgrenzen in verschiedenen Gegenden in völlig unterschiedlicher Höhe. In den Berchtesgadener Alpen zum Beispiel liegt die Waldgrenze bei 1800 Höhenmetern (man misst immer vom Meeresspiegel aus), im nördlicheren, kälteren Bayerischen Wald aber nur noch bei 1600 Metern. Und ganz oben im

Norden, am Polarkreis, liegt die Waldgrenze auf Meereshöhe, also bei null Meter: das heißt, hier gibt es auch im Flachland keine Wälder – es ist einfach zu kalt dafür. cz

Warum blühen Blumen?

Blumen blühen nicht, um uns Menschen mit ihren bunten Farben, prächtigen Formen und zarten oder kräftigen Düften zu erfreuen. Nein, Blumen blühen, um ihre Fortpflanzung zu sichern. Die Blüten der Blumen sind eine Art Sexualorgan. In ihnen sitzt der Blütenstempel oder die Blütennabe. Manchmal ist er gut zu sehen, manchmal kann man ihn auch kaum erkennen. An dem Blütenstempel trägt die Blume ihren Blütenstaub, den so genannten Pollen. Nur wenn dieser Pollen auf eine andere Blüte gelangt und diese bestäubt, kann sich die Blume fortpflanzen und vermehren.

Dabei gibt es aber ein Problem: Blumen sind fest in der Erde verwurzelt, sie können nicht einfach zur nächsten Blume gehen, um diese zu befruchten. Deswegen brauchen die Blumen jemanden, der ihren Pollen transportiert. Und das sind die Insekten. Die Insekten tun dies nicht umsonst, sondern weil sie dafür von den Blumen belohnt werden, und zwar mit leckerem süßem Blütennektar. Die Insekten setzen sich auf

die Blüten, um von dem Nektar zu naschen. Dabei bleibt der feine Blütenpollen an ihnen kleben. Fliegen sie zur nächsten Blüte, dann nehmen sie den Pollen mit und streifen ihn dort ab – so wird die Nachbarblüte bestäubt. Die fleißigsten Pollenträger sind die Bienen, gleich danach kommen die Hummeln oder auch Schmetterlinge, Käfer, Aasfliegen und viele andere mehr.

Unter den Blumen herrscht eine starke Konkurrenz. Jede möchte die meisten Insekten anziehen und dazu verleiten, ihren Pollen weiterzutragen. Als Lockmittel haben die Blumen ihre Blüten gewählt. Die prächtigen Farben der Blüten wirken wie Neonreklameschilder, die anzeigen: Hier gibt es leckeren Nektar. Und auch der Blütenduft signalisiert den Insekten, dass es hier etwas zu holen gibt, und zieht sie unwiderstehlich an. Selbst der Gestank mancher Blüten ist gewollt: Er lockt nämlich die Aasfliegen an. Die verschiedenen Farben und Gerüche der Blüten, aber auch ihre Formen locken also verschiedene Insekten an. In großen Blüten haben auch große Insekten wie Schmetterlinge Platz, kleine, enge Blüten sind eher für die Rüssel von Bienen oder Hummeln geeignet. Die Blumen schmücken und parfümieren sich also, um möglichst viele Bestäuber anzulocken, die ihren Fortbestand sichern.

Manche Blumen brauchen dazu gar keine Insekten: Sie lassen ihren Pollen vom Wind zur nächsten Blüte wehen. Dafür müssen ihre Blütenstempel besonders groß und offen daliegen. Wenn die Blüten der Blumen sehr eng beieinander liegen, schaffen es manche Blumen sogar, sich selbst zu bestäuben. Bei Wasserblumen, Seerosen zum Beispiel, kann auch das Wasser den Pollentransport übernehmen.

Andere Blumen, man nennt sie auch bedecktsamige Pflanzen, entwickeln in ihrer Blüte eine Samenkapsel. Wenn die Blume verblüht ist, also ihre Blütenblätter abgefallen sind, steht die Samenkapsel wie eine Frucht auf dem Blütenstängel. Die Samenkapsel platzt irgendwann, die Samen fallen auf die Erde und wachsen im nächsten Jahr zu einer neuen Blume heran. Auch hier muss die Blume blühen, ein Gefäß für ihre Samenkapsel bilden, damit sie sich fortpflanzen kann. aw

Was geschieht mit dem Wald nach einem Waldbrand?

Der Wald bietet vielen Pflanzen Schutz vor Frost und Sturm. Die meisten Bäume und Sträucher, die in einem Wald gut gedeihen, hätten auf dem freien Feld keine Chance, groß zu werden. Nach einem Waldbrand, wenn alle Bäume verkohlt sind, können dort erst einmal nur solche Bäume wachsen, die den Schutz des Waldes nicht brauchen. Das sind zum Beispiel Birken, Eschen, Zitterpappeln oder Erlen. Diese Bäume haben viele Samen, die auch sehr weit fliegen können. Sie fliegen in den abgebrannten Wald hinein, und schon wenige Jahre nach dem Waldbrand wachsen dort wieder kleine Bäumchen. Dieser Jungwald bietet dann genügend Schutz für andere Pflanzen.

In Deutschland und in anderen Ländern Mitteleuropas ist das Aufforsten kein Problem. Hier regnet es oft, und der Wald wächst schnell nach. Anders ist das in sehr heißen Ländern, etwa am Mittelmeer. Dort hat es der Wald viel schwerer. Erstens regnet es nicht genügend. Zweitens ist die Humusschicht – also der Boden, in dem etwas wachsen kann – meistens dünner als bei uns, und besonders in bergigen Gegenden oder an der Küste rutscht der Boden schnell ab, wenn der Wald erst einmal weg ist. Vor 2000 Jahren waren die Küsten des Mittelmeers noch stark bewaldet. Doch die Menschen gingen zu sorglos damit um. Sie fällten ganze Wälder, um daraus Schiffe zu bauen. Die abgeholzten Wälder forsteten sie aber nicht wieder auf. Die Folge: An vielen Küsten des Mittelmeers gibt es keinen Wald mehr, sondern nur blanken Fels. Da wird auch in Zukunft nichts mehr wachsen.

Noch schlimmer ist es, wenn in Brasilien oder anderen tropischen Ländern der Urwald abbrennt. Diese Brände werden absichtlich gelegt, um den Urwald auf diese Weise zu roden und Platz für Felder zu schaffen. Aber ein Urwald kann nie wieder nachwachsen, wenn er erst einmal weg ist, weil es während der jährlichen Regenzeit in den Tropen so stark regnet, dass der nun ungeschützte Boden einfach weggeschwemmt wird. Jetzt kann gar nichts mehr wachsen. Die Urwälder sind aber sehr wichtig für die ganze

Menschheit, weil sie den Sauerstoff produzieren, den wir brauchen. Deswegen betrifft es auch uns, wenn irgendwo auf der Welt ganze Wälder abgebrannt oder abgeholzt werden. Waldbrandgefahr herrscht immer, wenn es lange Zeit nicht geregnet hat. Besonders Kiefernwälder sind dann stark gefährdet. Da reicht eine weggeworfene Zigarettenkippe, um ein Feuer zu entfachen. Ist ein Waldbrand erst einmal ausgebrochen, dann ist es sehr schwer, ihn wieder zu löschen, und oft ist erst Schluss, wenn der ganze Wald abgebrannt ist und das Feuer keine neue Nahrung mehr finden kann. Deswegen: Zündeln im Wald ist streng verboten. Und das ist auch gut so. bs

Warum wird der Apfel rot?

Wenn ein Apfel von der Sonne beschienen wird, reagiert seine Haut ganz ähnlich wie die Haut des Menschen: Sie verfärbt sich und wird rot. Diese Verfärbung dient dem Sonnenschutz. Denn wie die braune Menschenhaut ist die rote Apfelhaut nun besser geschützt gegen gefährliche Strahlen, die im Sonnenlicht enthalten sind, die so genannten ultravioletten Strahlen, kurz UV-Strahlen genannt. Erst vor wenigen Jahren haben Wissenschaftler entdeckt, dass auf roten Apfelschalen weniger Schäden durch UV-Licht verursacht werden.

Äpfel, die süß sind, also viel Zucker enthalten, werden übrigens leichter rot als Äpfel mit wenig Zucker. Es gibt allerdings auch Apfelsorten wie den «Golden Delicious», die den roten Farbstoff einfach nicht bilden können; diese Äpfel bekommen von den Sonnenstrahlen vielleicht Flecken oder kleine Pünktchen, manche verfärben sich auch leicht bräunlich, aber rot werden sie nicht.

Man kann selbst ausprobieren, wie die direkte Sonneneinstrahlung auf den Apfel wirkt.

Man muss nur eine rote Apfelsorte mit einem (z.B. herzförmigen) Aufkleber bekleben, solange die Frucht noch grün und unreif am Baum hängt. Wo die Sonne hinscheint, färbt sich die Schale rot, unter dem Aufkleber aber bleibt sie hell. Wenn man den Aufkleber nach der Ernte entfernt, hat man einen Apfel mit einem (herzförmigen) hellen Fleck. cz

Warum schießt der Salat?

Vor ein paar hundert Jahren hieß das Wort «schießen» nichts anderes als «plötzlich, schnell hervorbrechen». «Um die Ecke schießen» sagen wir ja, wenn jemand ganz unerwartet und plötzlich um die Ecke kommt. Erst viel später brauchte man zum Schießen ein Gewehr oder einen Revolver, eine Pistole.

Dass Salat keine Waffe hat, ist klar. Also ist beim schießenden Salat wohl die frühere Bedeutung des Worts gemeint. Wir sagen, «der Salat schießt», wenn er plötzlich aus seinem schönen runden Kopf herauswächst und eine lange Stange ausbildet, die oben eine Blüte

hat. Ein schießender Salat ist also eigentlich ein blühender Salat, der dann seine Frucht, seine Samenkapsel bilden will.

Und warum? Wie so oft in der Pflanzenwelt verfolgt die Natur damit einen Plan. Der Salat möchte blühen, bevor er gegessen wird, damit er sich fortpflanzen kann, und wir Menschen möchten den Salat essen, bevor er blüht, weil uns nur die Salatrosette (die Salatblätter) schmeckt, und nicht der Blütenstängel.

Also müssen wir den Salat überlisten. Zu blühen bzw. zu schießen beginnt der Salat im Sommer, sobald es am Tag länger als 12 Stunden hell ist. Nur auf die Helligkeit kommt es an und nicht darauf, dass und wie viel die Sonne scheint. Deswegen gab es früher Salat nur im Frühjahr und im Herbst. Erst seit die Gärtnereien Salat unter schwarzen Folien anpflanzen und wachsen lassen, können wir auch im Sommer Salat essen, der nicht geschossen ist. aw

Warum verfärben sich die Blätter im Herbst?

Grüne Bäume im Frühjahr und im Sommer sind schön, sagen viele Leute. Bunte Bäume im Herbst sind noch schöner. Buntes Herbstlaub leuchtet, fällt ab vom Baum, trocknet und raschelt sehr lustig.

Warum ändern die Bäume ihre Blattfarben von sommergrün zu herbstbunt? Das Grün der Blätter kommt vom Chlorophyll, einem Stoff, mit dem der Baum Photosynthese betreibt. Das ist ein chemischer Vorgang, bei dem Pflanzen mit Hilfe von Sonnenlicht, Wasser und dem Gas Kohlendioxid (das wir ausatmen) Traubenzucker und den für uns lebenswichtigen Sauerstoff herstellen. Den Sauerstoff geben sie an die Luft ab, den Traubenzucker brauchen die Pflanzen für das eigene Wachstum. Er wird in Stärke umgewandelt, die den Pflanzen als Energiespeicher dient.

Im Herbst beginnt der Baum, sich auf den Winter vorzubereiten, wenn er keine Photosynthese mehr betreiben kann, weil die Sonnenstrahlung zu gering ist und zu wenig – oder nur gefrorenes – Wasser vorhanden ist. Dann wird auch das Chlorophyll in den grünen Blättern überflüssig. Es wird langsam abgebaut und gespeichert, sozusagen eingelagert fürs nächste Frühjahr, wenn der Baum neue Knospen und Triebe sprießen lässt. Das ist eine sinnvolle Überlebensmaßnahme der Pflanze. Der im Blatt verbleibende Farbstoff Carotin, der auch Möhren und Gelbe Rüben orange macht, färbt nun je nach Stärke das Blatt gelb, rötlich-orange oder braun. Bis die Blätter fallen und die Bäume ganz entlaubt sind. Auch für das Abwerfen der Blätter müssen sich die Bäume rüsten. Etwa zur gleichen Zeit, wie das Chlorophyll abgebaut wird, bilden sie ein feines Korkgewebe, damit keine Wunden entstehen und der Saft nicht ausläuft. So schützt sich der Baum vor dem Austrocknen im Winter. aw

Wer düngt den Urwald?

Riesige, fünfzig Meter hohe Bäume, am Boden undurchdringliches Gestrüpp, Tausende verschiedene Arten von Blüten und Blättern, Lianen, Kletterpflanzen und Orchideen und sehr viel Regen. In den tropischen Ur- oder Regenwäldern gibt es mehr verschiedene Pflanzenarten als irgendwo sonst auf der Erde. Doch erstaunlicherweise ist der anscheinend so fruchtbare Urwaldboden in Wirklichkeit nährstoffarm und karg. Rodet man den Urwald und pflanzt an seiner Stelle etwas anderes an, dann wächst im ersten Jahr ein bisschen was, im zweiten schon weniger, und im dritten Jahr wächst dort, wo sich zuvor noch tausende verschiedene Pflanzenarten getummelt haben, nicht einmal mehr eine Maispflanze. Und nach wenigen Jahren ist der Boden vom vielen Regen weggeschwemmt. Dass der Urwald die Kraft hat, so üppig zu wachsen, obwohl er auf unfruchtbarem Boden steht, liegt daran, dass er eine eigene Lebenswelt ist, in der alle Bewohner perfekt aufeinander eingestimmt sind: Die großen und sehr alten Bäume schützen alle kleineren Pflanzen vor der prallen Sonne und halten mit ihren Wurzeln den Boden zusammen. Die kleinen Pflanzen wiederum schützen die Wurzeln der Bäume davor, vom Regen unterspült zu werden. Die Bäume hätten dann keinen Halt mehr. Aber viel kommt vom Regenwasser ohnehin nicht am Boden an. Der Regen fällt nämlich zuerst auf das Blätterdach der Baumkronen und tropft dann von

Baumetage zu Baumetage hinunter. Weil es das ganze Jahr über warm ist, verdampft auf dem Weg zum Boden viel von dem Wasser und bleibt als Dampf in der Luft hängen. So wie in einem Dampfbad. Aus der feuchten Luft ziehen dann die Pflanzen ihr Wasser. Auch die Bäume haben ihre Wurzeln nur zum Teil im Boden. Die Wurzeln ragen weit aus dem Boden heraus, saugen das Wasser aus der feuchten Luft und stützen den Stamm seitlich ab wie Stelzen. So kann der Regen den Boden nicht wegspülen und die Pflanzen können genügend Wasser aufnehmen. Die Nährstoffe, die der Urwald zum Wachsen braucht, sind aber nicht nur im Regenwasser gelöst. Sie kommen von den abgestorbenen Pflanzen, die zu Boden fallen, oder von Bäumen, die umstürzen und dann verrotten und zu fruchtbarem Humus werden.

Die Fruchtbarkeit des Regenwalds hängt vollständig vom Zusammenleben aller Pflanzen ab. Sie sind ein perfektes Team, über Jahrmillionen auf einander eingespielt. Deswegen kann ein Urwald nie wieder aufgeforstet werden, wenn er erst einmal abgeholzt ist.

Es gibt verschiedene Urwälder auf der Welt. Nicht alle sind so schwülheiß wie der tropische Regenwald. Es gibt auch im hohen Norden Urwälder, nur wachsen dort andere Bäume. Aber kein Urwald braucht die Pflege oder die Unterstützung des Menschen. Im Gegenteil, der Mensch stört die unberührte Natur. Der Urwald düngt sich selbst am besten. bs

Warum sind Bäume so wichtig?

Bäume werden oft nur als Holz gesehen. Holz, aus dem Bretter gemacht werden, das als Brennholz verfeuert oder zu Klopapier verarbeitet wird. Aber stellt euch vor, es gäbe keine Bäume mehr. Keine Kletterbäume, keine Kirschbäume und keine Schatten spendenden alten Riesen. Dann gäbe es auch keine Wälder mehr, in denen man spazieren gehen und Pilze suchen könnte. Ein Baum ist eben doch viel mehr als nur ein langes Stück Holz.

Bäume haben in der Natur viele wichtige Aufgaben. Das fängt bei den Wurzeln an. Die Baumwurzeln halten den Boden zusammen. Das ist besonders in den Bergen wichtig. Ohne Wald kann sich die Erde nicht an den steilen Hängen halten und rutscht weg. Übrig bleibt dann nur mehr der blanke Fels.

Ein Baum hat nicht nur Wurzeln, er hat auch Äste und Zweige. Sie sind Heimat ganz vieler unterschiedlicher Tiere. Vögel bauen ihre Nester in die Astgabeln. Eichhörnchen turnen in den Ästen, auf der Suche nach Futter. Auf den Blättern leben die verschiedensten Insekten, von den Ameisen bis zu den Schmetterlingen. In älteren Bäumen, deren Stamm hohl ist, schlafen oft Fledermäuse. Ohne Bäume hätten alle diese Tiere keine Heimat mehr.

Besonders schlimm ist es, wenn nicht nur einzelne Bäume gefällt werden, sondern ganze Wälder. Wenn ein Urwald einmal abgeholzt ist, kann er nie wieder so entstehen, wie er war.

Und wenn schon ein einzelner Baum so viel Platz für Tiere bietet, wie viele Tiere werden dann erst heimatlos, wenn der ganze Wald zerstört wird?

Und noch etwas ist wichtig, auch wenn es unsichtbar abläuft: Die Bäume sorgen für gute Luft. Die verbrauchte Luft, die wir ausatmen, wandeln sie mithilfe des Sonnenlichts in frische Luft um. Wenn wir die Luft einatmen müssten, die wir ausgeatmet haben, würde uns schnell die Puste ausgehen. Denn die ausgeatmete Luft ist voller Kohlendioxid. Zum Leben aber brauchen wir ein anderes Gas, den Sauerstoff. Und den liefern uns die Bäume: Wie alle grünen Pflanzen atmen sie das Kohlendioxid ein und wandeln es mit Hilfe des Sonnenlichts in Sauerstoff um. Dieser Vorgang wird «Photosynthese» genannt. Den Sauerstoff geben sie an die Luft ab. Und wir haben wieder etwas zum Schnaufen.

Es ist also schade um jeden Baum, der gefällt wird. Und da, wo es doch sein muss, weil wir das Holz brauchen, da sollte immer ganz schnell wieder ein neuer Baum angepflanzt werden. bs

Leben auf der Kugel

Warum spuckt der Vulkan?

Das Innere der Erde ist heiß. So heiß, dass selbst die Steine schmelzen. Unterhalb der harten Erdkruste ist alles aus geschmolzenem Gestein. Dieses geschmolzene Gestein heißt Magma. Normalerweise bleibt das Magma im Erdinneren. Nur ausnahmsweise gelangt es an die Erdoberfläche, nämlich bei einem Vulkanausbruch. Vom Vulkan geht ein Schlot hinab in die Tiefe der Erde, bis hin zum Magma. Normalerweise ist dieser Schlot mit einem Stöpsel aus Geröll und Felsbrocken verstopft, wie eine Sektflasche mit einem Korken. Bis zu diesem Stöpsel steigt das Magma, weiter kommt es nicht. Es möchte aber weiter, weil von unten neues Magma nachschiebt. Wenn der Druck zu groß wird, dann schleudert er den Stöpsel aus dem Vulkanschlot hinaus, und das Magma spritzt hinterher. Ab diesem Moment nennt man das Magma nicht mehr Magma, sondern Lava. Mit der Lava spuckt der Vulkan aber auch große Felsblöcke aus und das ganze Geröll, das ihn zuvor noch verstopft hat. Bei einem Vulkanausbruch fliegt also nicht nur glühende Lava durch die Luft, sondern auch jede Menge Gestein, die so genannten Vulkanbomben.

Der größte Teil der Lava wird aber nicht durch die Luft geschleudert, sondern quillt in einem dicken Strom aus dem Vulkanschlot heraus. Dieser Lavastrom ist über 1000 Grad Celsius heiß.

Solange oben aus dem Vulkanschlot die Lava quillt, so lange schiebt sich dieser zähe, glühend heiße Lavastrom zu Tal. Was im Weg steht, wird platt gemacht. Nach und nach allerdings erkaltet der Lavastrom und bildet eine Haut. Er sieht jetzt aus wie aus flüssiger Schokolade gegossen. Unter der Haut ist er noch heiß, an manchen besonders gut geschützten Stellen glüht die Lava sogar noch Monate nach dem Vulkanausbruch. Deswegen sollten Vulkane, auch wenn sie gerade ruhig sind, nur mit einem Führer bestiegen werden.

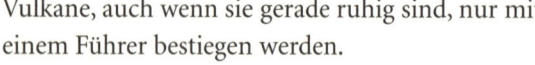

VESUV

Während eines Vulkanausbruches stinkt es furchtbar nach faulen Eiern, wie eine Stinkbombe. Das kommt vom Schwefelgas, das zusammen mit der Lava aus dem Schlot entweicht. Wenn das Schwefelgas erkaltet, erstarrt es zu gelben Kristallen, die die Steine ringsum wie eine Kruste überziehen.

Vulkane sind für die Menschen, die in ihrer Nähe wohnen, gefährlich, weil sie bei einem Ausbruch viel Verwüstung anrichten können. Aber trotzdem leben viele Menschen an den Hängen von Vulkanen. Das liegt daran, dass Lava sehr fruchtbar ist. Sie zerfällt und düngt den Boden. Am Ätna zum Beispiel, einem Vulkan auf Sizilien, wachsen Obstbäume und Weinstöcke besser als in anderen Teilen der Insel.

Allerdings ist der Ätna ein relativ harmloser Vulkan. Alle paar Jahre schüttelt es ihn, und dann spuckt er einige Tage lang Lava aus. Die Leute gehen in Deckung, und wenn sich der Ätna wieder beruhigt hat, dann schauen sie, was alles kaputt gegangen ist.

Es gibt aber auch andere Vulkane. Jahrhundertelang rühren sie sich nicht, schlafen scheinbar harmlos vor sich hin, und niemand denkt an Gefahr. Doch dann, plötzlich, werden sie aktiv. Das kündigt sich oft durch Erdbeben an, die die Gegend erschüttern. Und eines Tages explodiert der Berg, die Bergkuppe wird zerfetzt, ein tiefer Krater tut sich auf, und Unmengen angestauter Lava walzen alles nieder.

Ein solcher Berg ist der Vesuv, ein Vulkan nahe der Stadt Neapel. Vor fast 2000 Jahren, 79 nach Christus, zerstörte der Vesuv bei einem Ausbruch die römische Stadt Pompeji. Dabei war es nicht die Lava, die Pompeji zerstörte. Die Stadt wurde von Vulkanbomben, Asche und giftigen Schwefeldämpfen zugedeckt und komplett verschüttet. Die Bewohner hatten nicht einmal mehr Zeit, davonzulaufen. So schnell ging das.

Auch heute sind die Menschen vor Vulkanen nicht sicher, denn es ist sehr schwierig, Vulkanausbrüche vorherzusagen. Anzeichen wie Erdbeben, austretendes Schwefelgas oder steigender Druck unter dem Vulkanstöpsel werden zwar registriert, aber trotzdem weiß man nie genau, wann es einen Vulkanausbruch geben kann und wie stark er sein wird. bs

Warum ist Zucker süß?

«Süß» ist ein Geschmack, der zum Essen gehört. Und schmecken tun wir mit der Zunge, dem Gaumen. Mit der Zunge können wir allerdings nur vier Geschmacksrichtungen unterscheiden: Süß und salzig, sauer und bitter. Das klingt kaum glaubhaft, aber alle anderen Aromen schmecken wir nicht, wir riechen sie. Die Nase kann über tausend Gerüche unterscheiden. Currywurst mit Ketchup oder Himbeerkuchen mit Sahne. Wenn man mal so einen richtigen Schnupfen hat und nichts mehr riechen kann, schmeckt man auch gleich nichts mehr. Das beweist, wie sehr der Geschmack durch die Nase geht.

Nicht jeder mag Süßes, aber alle Menschen brauchen Zucker. Zucker ist ein Kohlehydrat, das uns sehr schnell und auf einfachem Wege Kraft gibt, Energie liefert. Ernährungswissenschaftlerinnen und -wissenschaftler haben Säuglingen bei Versuchen eine Zuckerlösung in den Mund getröpfelt. Die Babys haben sofort angefangen zu saugen. Daraus haben die Fachleute geschlossen, dass wir möglicherweise von Natur aus so programmiert sind, zu schlucken, also Nahrung aufzunehmen, wenn ein wichtiger Energiespender in dieser Nahrung steckt. Ein Säugling kann natürlich nicht sagen, warum er gerne Süßes schmeckt und schluckt, aber es ist für ihn lebenswichtig, dass er gleich von Anfang an Kohlehydrate aufnimmt, und da Zucker süß schmeckt, mag er ihn. Muttermilch ist süß, Schokolade ist süß, Kartoffeln sind süß. Menschen haben schon immer, lange bevor sie Zucker in seiner reinen Form kannten, Nahrung gesucht, die süß schmeckt. Honig zum Beispiel.

Auf der Zunge gibt es Geschmackszonen, die mit Geschmacksnerven verbunden sind und die man sich vorstellen kann wie den Rahmen eines Puzzle-Spiels. Wenn wir nun Zucker essen, fallen die Zuckermoleküle, die kleinsten Teile des Zuckers, wie ausgesägte Puzzle-Stücke in diese Geschmackszonen. Der Geschmacksnerv «süß» meldet ans Gehirn: «Habe ein Zuckermolekül erwischt.» Das Gehirn meldet zurück: «Erkannt! Schlucken! Braucht dein Körper!» Und gleichzeitig weist das Gehirn eine Drüse im Körper an, das Hormon Insulin auszuschütten, das den Zucker in Energie umwandelt, die wir zum Arbeiten, Laufen und Denken benötigen.

Wenn der Zucker nicht vollständig in Energie umgewandelt wird, weil der Körper zu wenig Insulin produziert, dann bleibt zu viel Zucker im Blut. Dieser überschüssige Zucker greift die Blutgefäße im Körper an und kann sie zerstören. Das ist bei der Zuckerkrankheit, Diabetes genannt, der Fall, die sich immer mehr ausbreitet. Um Schädigungen zu vermeiden, müssen sich die Diabetiker deshalb in regelmäßigen Abständen Insulin spritzen, um die Zuckerverwertung ihres Körpers anzukurbeln. aw

Warum blubbert das Wasser, wenn es heiß wird?

Wenn Wasser in einem Topf lange genug auf der heißen Herdplatte steht, fängt es an zu sprudeln, zu blubbern und zu dampfen. Dabei passiert eigentlich genau das Gleiche, wie wenn man einen Tropfen Wasser auf die heiße Platte spritzt: Durch die Hitze wird Wasser in Wasserdampf verwandelt. Im Topf geschieht das zunächst mal da, wo es am heißesten ist: unten am Boden. Der Dampf sammelt sich zu kleinen Blasen, die sich schließlich vom Topfboden ablösen und nach oben steigen. Auf dem Weg zur Oberfläche passieren die Wasserdampfblasen nun kühleres Wasser – denn im Topf ist es ja noch nicht überall gleichmäßig heiß. Der Dampf wird im oberen Bereich des Topfinhalts abgekühlt. Dabei verwandelt er sich wieder zurück in Wasser. Gleichzeitig gibt er einen Teil seiner Hitze ab. Irgendwann ist das gesamte Wasser im Topf so heiß geworden, dass die Dampfbläschen bis an die Wasseroberfläche gelangen können, wo sie lautlos zerplatzen. Das Blubbern kommt also vom Topfboden und von der ständigen Bewegung des aufsteigenden Wasserdampfs im Topf.

Fig. 50. — Quand on souffle

Übrigens: Wenn sich Wasserdampf dann – zum Beispiel am Topf-deckel – wieder abkühlt, verwandelt er sich zwar zurück in Wasser, doch es ist dann eine ganz besonderes, nämlich «destilliertes» Wasser, frei von Kalk und Salzen. Diese Stoffe haben sich zuvor nicht im Wasserdampf aufgelöst, sondern sind beim Verkochen des Wassers im Topf zurückgeblieben. cz

Warum sind die Tage im Winter kürzer als im Sommer?

Die Erde dreht sich auf einer Bahn um die Sonne. Für eine Runde braucht sie ein Jahr. Sie dreht sich aber auch um sich selbst. Für eine Umdrehung um sich selbst braucht die Erde 24 Stunden, also einen Tag und eine Nacht. Immer dort, wo die Sonne auf die Erde scheint, ist es Tag. Dort, wo die Sonne nicht hinkommt, ist es Nacht. Da sich die Erde immerzu dreht, wechseln sich Tag und Nacht überall auf der Erde ständig ab.

Ihr könnt das ausprobieren, mit einer Orange oder einem Tennis-ball und einer Schreibtischlampe. Haltet die Orange zwischen Zeigefinger und Daumen. Den Zeigefinger oben, den Daumen unten, genau übereinander. Die Finger markieren die zwei Pole, der Zeigefinger den Nordpol, der Daumen den Südpol. Jetzt haltet die Orange so, dass die Lampe sie von der Seite anstrahlt. Nordpol oben, Südpol unten. Die eine Hälfte der Orange ist jetzt hell erleuchtet, dort wäre es Tag, die andere Seite ist dunkel. Dort wäre Nacht. Nun dreht die Orange mal ein bisschen zwischen euren Fingern, also um die eigene Achse, und ihr seht, wie die Erde durch das Sonnenlicht wandert. Stellt euch vor, ihr steht auf der Orange und dreht euch mit ihr durch das Sonnenlicht und wieder in den Schatten.

Sonne und Erde hängen aber nicht senkrecht nebeneinander im Weltall, so wie zwei Christbaumkugeln am Weihnachtsbaum, sondern die Erdachse, die Verbindungslinie zwischen Nord- und Südpol, steht ein bisschen schief zur Sonne. Dieser Schiefstand ist für das Entstehen von Sommer und Winter verantwortlich.

Um das zu verstehen, kippen wir die Orange ein bisschen. Der Südpol, also der Daumen, ist jetzt voll im Licht. Dafür ist es am Nordpol, wo der Zeigefinger ist, dunkel. So sieht die Winterstellung der Erde zur Sonne aus: Der Nordpol liegt von der Sonne abgewendet, dort ist den ganzen Winter über ständig Nacht. Jetzt malt zwei Punkte auf die Orange, einen ungefähr einen Fingerbreit unterhalb des Nordpols, den anderen zwei Fingerbreit darunter. Nun dreht die Orange wieder um die eigene Achse, aber diesmal schräg zur Lampe, in der Winterstellung: Der untere Punkt ist bei einer Umdrehung länger im Licht als der obere. Je weiter wir uns im Winter also vom Nordpol in Richtung Süden bewegen, desto länger werden die Tage. Je näher ein Land am Nordpol liegt, desto kürzer ist die Zeit, in der es dort im Winter hell ist. Weil Deutschland auf der nördlichen Halbkugel liegt, sind auch bei uns im Winter die Tage kürzer.

Im Sommer ist es genau umgekehrt. Jetzt streckt die Erde den Nordpol der Sonne entgegen. Mit der Orange hieße das, zurück in die Senkrechte, den Nordpol genau über dem Südpol und dann ein bisschen in die andere Richtung kippen. Jetzt bekommen alle Länder rund um den Nordpol, also auch Europa, richtig viel Licht von der Sonne. Die Tage sind nun viel länger als im Winter. Am längsten ist der Tag am Nordpol. Im Sommer geht dort die Sonne kein einziges Mal unter, es ist ein halbes Jahr lang hell. bs

Wie kommt der Ton in die Erde?

Ton ist ein Material, das in der Erde vorkommt. Und zwar nicht Bröckchen für Bröckchen, mal hier eines und da eines, sondern in Schichten, die sich unter der Erdoberfläche befinden.

Stellt euch vor, ihr schneidet ein mehrere Meter tiefes Stück Boden aus der Erde heraus. Da seht ihr, genau wie bei einer Schwarzwälder Kirschtorte, verschiedene Schichten: zuoberst den Humus, das ist die Erde, in der die Pflanzen wachsen, dann vielleicht eine Schicht Kies oder Sand und dann möglicherweise eine Schicht Tonerde. Die findet man meistens links und rechts von Flüssen, in den Flusstälern. Das ist kein Zufall, denn die Flüsse haben den Ton dorthin gebracht.

Am Flussgrund wird der Boden oft aufgewirbelt und es entsteht ein Gemisch aus Wasser, Erde, Sand, Muschelschalen und allem, was sich sonst noch auf dem Grund absetzt. Dieses Gemisch wird vom Fluss mitgenommen. Etwas flussabwärts, in einem ruhigen Seitenarm, sinkt alles zu Boden und bildet eine Schicht.

Probiert das ruhig einmal aus. Schüttet eine Handvoll Erde in ein Glas Wasser, rührt kräftig um und seht dann zu, wie die Erde langsam auf den Boden des Glases sinkt, wenn das Wasser sich wieder beruhigt. Ton ist also ein Gemisch aus allem, was sich am Grund eines Gewässers abgelagert hat und danach im Laufe der Zeit von einer anderen Schicht zugedeckt worden ist. So eine andere Schicht, das kann zum Beispiel Kies sein, den ein Gletscher das Flusstal entlang vor sich hergeschoben hat. Oder es kann eine Schicht Humus sein, weil der Fluss seinen Lauf verändert hat und dort jetzt Pflanzen wachsen, die absterben und verrotten.

In trockenem Zustand ist Ton ein feines Pulver. Wird dieses Pulver mit Wasser vermischt, dann entsteht eine Knetmasse, so ähnlich wie Plastilin. Daraus lässt sich alles Mögliche formen, zum Beispiel ein Becher. Brennt man diesen Becher, etwa in der Glut eines Lagerfeuers, so wird der Ton hart und wasserdicht. Der Becher kann jetzt, wenn er beim Brennen nicht zerbrochen ist, zum Trinken verwendet werden. Keramik, also Koch- und Essgeschirr aus Ton, haben die Menschen bereits vor zehntausend Jahren verwendet, und nur tausend Jahre später wurden die ersten Tonziegel hergestellt. Das Kochen und Bauen war damit viel einfacher geworden.

Das Formen und Brennen von Ton war also ein großer Fortschritt in der Geschichte der Menschheit. bs

1.
lila
Naturschnee

Warum ist der Schnee weiß?

Eigentlich ist Schnee gar nicht weiß. Er ist vielmehr farblos wie Wasser. Schnee ist ja auch nichts anderes als Wasser, das zu winzigen Eiskristallen gefroren ist. Unter dem Mikroskop kann man das erkennen. Die Kristalle sehen alle verschieden aus, doch jedes von ihnen ist aus vielen winzigen Eisplättchen zusammengesetzt. Diese Eisplättchen machen nichts anderes als Spiegel: Sie werfen das Licht zurück, das auf sie fällt. Die Farbe des Lichts aber ist weiß, und so sehen unsere Augen den Schnee weiß: Er wirft das Licht von der Sonne oder dem Mond zurück.

3.
60° C
+ Schleudern
= weiß

2.

Im Hochgebirge strahlt die Sonne stärker als unten in der Ebene. Auf schneebedeckten Bergen ist die Gefahr besonders groß, dass man einen Sonnenbrand bekommt. Denn nicht nur ist die Sonne dort stärker, der weiße Schnee spiegelt das Sonnenlicht auch noch, man wird also doppelt – von oben *und* von unten – bestrahlt. Das heißt: Immer gut eincremen und eine Sonnenbrille benutzen, denn die Augen reagieren besonders empfindlich auf so viel Licht.

Es gibt sogar ein Wort für das, was passiert, wenn man da nicht aufpasst: Man wird «schneeblind». cz

Warum gibt es ein Echo?

Ein Echo ist nichts anderes als die Spiegelung von Schallwellen. Spiegelung oder Reflexion, wie die Physikerinnen und Physiker sagen. Eine Schallwelle kommt an einem Hindernis – einer Wand, einem Felsen oder Bäumen – an und wird zurückgeworfen. Natürlich können wir das nicht sehen, wir können uns die Ausbreitung einer Schallwelle aber wie die einer Wasserwelle vorstellen: Wenn du einen Stein ins Wasser wirfst, erzeugt das einen Kreis von kleinen Wellen drum herum. Der Stein hat diese Wellen verursacht, das heißt, er hat das Wasser zum Schwingen gebracht. Diese Schwingung breitet sich kreisförmig wellenartig über den gesamten See aus, wird aber immer schwächer. Die schwingenden Wasserteilchen selbst wandern dabei gar nicht über den See, sondern bleiben an derselben Stelle. Sie geben nur ihre Energie an die Nachbarteilchen weiter und immer so fort. Ganz ähnlich verhalten sich die Schallwellen in der Luft. Wenn du sprichst oder rufst oder schreist, bringst du die Teilchen in der Luft zum Schwingen. Die Teilchen selbst bewegen sich nicht fort, aber sie geraten ins Schwingen, stoßen aneinander und geben so den Schall weiter. Das ist wie eine Kettenreaktion: Ein Teilchen stößt das nächste an, gibt ihm seinen Schwung ab und wird dadurch wieder ruhig. Irgendwann trifft nun die Schallwelle auf ein großes Hindernis, eine Felswand zum Beispiel. Die kann sie nicht zum Schwingen bringen, weil der Fels zu hart und ihr Schwung zu gering geworden ist. Also wirft die Felswand die Schallwelle zurück. Was noch an Schwung übrig ist, tritt jetzt den Rückweg an, und so kommt der Schall als Echo zu dir zurück.

Das Echo sind also die von dir gesprochenen Worte oder Sätze, die etwas langsamer, als du sie hinausgeschrien hast, an dein Ohr zurückkommen.

Der Schall breitet sich sehr schnell aus. Er legt in der Sekunde 340 Meter zurück, das sind 1224 Kilometer pro Stunde. Die größte Geschwindigkeit, mit der du in deinem Leben in einem Auto über die Autobahn gebraust bist, ist langsam dagegen, ja selbst in einem Formel-1-Wagen oder einer Boeing 707 hättest du keine Chance, den Schall einzuholen, geschweige denn zu überholen. Weil also der Schall so schnell ist, darf die Wand oder das Hindernis, auf das die Schallwelle trifft, nicht zu nahe sein, sonst ist der Schall so rasch wieder da, dass man das Echo nicht verstehen kann. Aus demselben Grund hört man manchmal beim Echo auch nur das letzte Wort eines Satzes. Der Anfang des Satzes ist nämlich so schnell wieder da, dass sich das Rufen und das Echo überschneiden; man kann den Anfang des Echos also nicht hören, weil man noch gar nicht zu Ende gerufen hat. Wer in einer guten Entfernung zu einer Felswand laut ruft: «Wie heißt der Bürgermeister von Wesel?», hört deshalb von der Antwort des Echos nur noch die letzten beiden Silben: «Esel».

Um ein sehr gutes Echo zu bekommen, muss man ziemlich laut schreien. Glücklicherweise halten sich aber die meisten von uns damit im Alltag, auf der Straße, zurück. Sonst würden uns die Ohren vor lauter Geschrei, Lärm und Echowiderhall nur so klingeln.

aw

Wie ist die Erde entstanden?

Unsere Erde ist eine Kugel. Könnten wir sie in der Mitte durchschneiden, dann würden wir sehen, dass sie aus verschiedenen Schichten besteht. In der Mitte hat sie einen glühend heißen Kern. Dieser Kern ist aus flüssigem Eisen. Um den Kern herum ist eine sehr dicke Schicht aus Gestein. Je näher das Gestein am Kern ist, desto heißer und flüssiger ist es. Nach außen, in Richtung Erdoberfläche, wird das Gestein immer kühler und fester. Die erstarrte und feste Erdkruste, auf der wir leben, bildet nur eine dünne Haut um den Erdball. Im Verhältnis zum Rest der Erde ist sie nicht dicker als die Schokoglasur einer Mozartkugel.

Der schichtartige Aufbau hat mit der Entstehung der Erde vor viereinhalb Milliarden Jahren zu tun. Damals wirbelte anstelle der Erde eine riesige Gaswolke durch das Weltall, die von der Sonne erhitzt wurde. In dieser Wolke waren bereits alle notwendigen Bestandteile der Erde enthalten. Zum Beispiel Wasser, Eisen und Kohle. Aber nicht in fester oder flüssiger, sondern in Gasform.

Inmitten dieser heißen, um sich selbst wirbelnden Gaswolke bestand eine Kraft, die bewirkte, dass sich die abkühlende Gaswolke zusammenzog. Diese Kraft heißt Schwerkraft. Sie ist auf der Erde zu spüren und wird deshalb auch Erdanziehungskraft genannt. Gäbe es sie nicht, würden wir nicht auf dem Boden bleiben, sondern wie die Astronauten in der Schwerelosigkeit herumfliegen.

Unter der Einwirkung der Schwerkraft schrumpfte die Gaswolke zusammen und wurde zu einer Kugel. Ein fester Klumpen, der im Inneren aber immer noch glühend heiß war. Die Bestandteile der Wolke ordneten sich nach ihrem Gewicht: das Schwerste im Innersten, das Leichteste ganz außen.

Eisen war das schwerste Material in der Gaswolke. Deswegen besteht der Erdkern aus Eisen. Darum herum sind die Steine angeordnet, danach folgt das Wasser und ganz außen schweben die leichten Gase, die sich als Atmosphäre um die Erdkugel herum angesammelt haben. Die Atmosphäre umhüllt die Erdkugel wie das Alupapier die Mozartkugel. Sie ist die äußerste Schicht der Erde und gehört genauso dazu wie der Erdkern.

So hätte die Erde nun für alle Zeiten bleiben können: ein unbewohnter, größtenteils von Ozeanen bedeckter Planet mit einer Atmosphäre aus verschiedenen Gasen.

Aber es geschah ein Wunder: Das Leben entstand und veränderte den Planeten.

Die ersten Lebewesen waren Bakterien. Ganz einfache Wesen, nicht Pflanze nicht Tier, die in den warmen Gewässern der Ur-Ozeane leben konnten. Auch die Bakterien entstanden aus den Inhaltsstoffen der Gaswolke. Sie wurden im warmen Wasser von der Sonne sozusagen ausgebrütet. Diese Bakterien atmeten die Ur-Atmosphäre der Erde ein und wandelten das dort enthaltene Kohlendioxid-Gas in ein anderes Gas um: in Sauerstoff. Die Bakterien produzierten Sauerstoff und gaben ihn an die Atmosphäre ab. Viele Jahrmillionen lang. So lange, bis die Luft der Atmosphäre genügend Sauerstoff enthielt, um Tieren das Leben auf der Erde zu ermöglichen. Denn Tiere – und auch Menschen – atmen Sauerstoff ein und Kohlendioxid aus. Die Pflanzen machen es genau umgekehrt: Sie atmen Kohlendioxid ein und Sauerstoff aus. Die perfekte Ergänzung. bs

Gibt es auf dem Mars Leben?

Seitdem wir Menschen entdeckt haben, dass unser Planet nur eine kleine Kugel inmitten des riesigen Weltalls ist, fragen wir uns, ob es auch außerhalb unserer Erde Leben gibt. Auf dem Mars zum Beispiel, unserem Nachbarplaneten auf der Bahn um die Sonne.

Der Mars ist unserer Erde in manchen Dingen ähnlich. Es gibt dort Vulkane, Schluchten und Sanddünen. Auf dem Mars gibt es auch

Sommer und Winter. An einem Sommertag kann es dort schon einmal angenehme 25 Grad Celsius warm werden. In der Nacht und im Winter allerdings fällt das Thermometer auf minus 130 Grad Celsius ab. Die Pole sind, wie auf der Erde, mit Eis bedeckt. Es gibt auf dem Mars also Wasser. Wasser ist eine der Grundlagen des Lebens. Eine zweite Grundlage zur Entwicklung von Leben ist eine Atmosphäre. Auf dem Mars gibt es eine Atmosphäre. Die Marsatmosphäre ist allerdings ganz anders als die Erdatmosphäre. Sie enthält kaum Sauerstoff, und sie ist sehr viel dünner. Um herauszufinden, ob es nun auf dem Mars Leben gibt oder nicht, haben die Menschen schon sehr viele unbemannte Weltraumsonden zum Mars geschickt. Die haben unzählige Fotos geschossen, und Roboter an Bord haben Proben von Marsgestein und von der Atmosphäre des Mars genommen und zur Erde gebracht. Die Untersuchung dieses Materials hat viele neue Erkenntnisse gebracht, zum Beispiel entdeckte man Schluchten, die aussehen, als wäre dort einmal eine Quelle entsprungen.

Bei der Frage nach dem Leben auf dem Mars allerdings sind die Forscherinnen und Forscher noch immer so schlau wie zuvor: Sie wissen es nicht. Zwar erscheint die Oberfläche des Mars nicht dazu geeignet, Leben hervorzubringen. Es gibt dort eisige Temperaturen, Sandstürme in Orkanstärke, fast keinen Sauerstoff, und alles Wasser ist gefroren. Aber auch auf der Erde gibt es viele Gegenden, die sehr lebensfeindlich sind. Die Wüsten zum Beispiel oder das ewige Eis der Pole. Besonders schlimm sind manche Täler in der Antarktis. Dort gibt es nicht einmal Schnee, weil es dort absolut kein Wasser gibt. Nur Steine und Kälte. Und doch findet man auch da Spuren von Leben, zwar nur in Form winziger Bakterien, aber immerhin. Könnte es solche Lebewesen nicht auch auf dem Mars geben? Es gibt sogar Bakterien, die keinen Sauerstoff zum Leben brauchen, sondern ein anderes Gas: Kohlendioxid. Und Kohlendioxid gibt es in der Marsatmosphäre genügend.

Die Frage nach Leben auf dem Mars ist also immer noch ungeklärt. Nur eine Sache ist klar. Grüne Marsmännchen, die mit ihren fliegenden Untertassen zu uns auf die Erde kommen, die gibt es ganz sicher nicht. bs

Warum spiegelt ein Spiegel?

Wenn man in den Spiegel schaut, sieht man sein Spiegelbild. Man sieht es auch, wenn man auf eine glatte Wasseroberfläche starrt, nicht aber in aufgewühltem, gekräuseltem Wasser. Auch in einem großen Silberlöffel, auf Silberpapier und Alufolie, in blank geputzten Fenstern kann man sich spiegeln. Aber es gibt dafür zwei Bedingungen: Erstens muss die Spiegelfläche ganz glatt und glänzend sein. Zweitens muss der Körper oder das Bild, das gespiegelt werden soll, von einem Licht beleuchtet sein. Denn spiegeln heißt, dass das Licht, das von jemandem ausgesandt wird, zurückgeworfen wird. In einem dunklen Raum sieht man überhaupt nichts. In der Nacht auch nicht. Der Mond kann sich natürlich im dunklen Wasser spiegeln, weil er selbst von der Sonne beleuchtet wird und also Licht abstrahlt. Die Strahlen des Lichts werden einfach zurückgestrahlt.

Man kann sich das so vorstellen: Wenn man einen leichten Tischtennisball nimmt und ihn an einen Spiegel oder an eine andere sehr glatte Oberfläche wirft, dann prallt er ab und hüpft zu einem zurück. So ist das mit dem Licht und den Lichtstrahlen auch. Sie sind wie Tausende kleiner Tischtennisbälle, die aufprallen und zurückspringen. So schnell, dass unser Auge gar nicht mitkommt und uns das Gefühl vermittelt, das Bild im Spiegel zu sehen. Wenn aber die Oberfläche nicht sehr glatt und eben ist, dann springen die kleinen Bälle nicht so zurück, wie sie gekommen sind, sondern fliegen in alle Richtungen davon. Genauso ergeht es den Lichtstrahlen auf einer rauen oder matten Oberfläche: Da werden sie nicht gespiegelt, sondern in alle Richtungen gestreut und so verzerrt, dass wir darin kein Bild mehr erkennen können. aw

Warum ist es im Winter so kalt?

Könnt ihr flache Steine auf dem Wasser hüpfen lassen? Der Trick dabei ist, dass der Stein ganz flach auf die Wasseroberfläche trifft. Ist der Winkel zu steil, dann prallt der Stein nicht am Wasser ab, sondern plumpst hinein. Was das mit der Kälte im Winter zu tun hat? Eine ganze Menge. Denn so, wie wir den Stein werfen, so wirft die Sonne ihre Strahlen. Die Sonnenstrahlen sausen ungeheuer schnell durch das Weltall, einige davon in Richtung Erde. Sie durchdringen die Atmosphäre und kommen bei uns auf der Erdoberfläche an. Hier lassen es die Sonnenstrahlen aber nicht nur hell, sondern auch warm werden; an manchen Sommertagen sogar richtig heiß. Nun scheint ja auch an Wintertagen die Sonne, es bleibt aber trotzdem kalt. Hier sind wir wieder bei den Steinen. Es kommt darauf an, wie flach oder steil die Strahlen auf die Erdoberfläche treffen.

Im Sommer knallen die Sonnenstrahlen beinahe senkrecht auf die Nordhalbkugel. So entfalten sie ihre ganze Energie und heizen alles auf. Im Winter hingegen treffen die Sonnenstrahlen dort flach auf und geben deshalb nur wenig Energie an die Erde ab.

Aus dem gleichen Grund ist es jeden Tag morgens und abends kälter als am Mittag. Denn mittags steht die Sonne höher am Himmel und die Strahlen kommen steiler auf der Erde an als morgens und abends, wenn die Sonne knapp über dem Horizont steht. Und je steiler die Sonnenstrahlen einfallen, desto wärmer wird es. bs

Warum ist Meerwasser salzig?

Wenn man in eine große Badewanne immer Salzwasser hineinlaufen lässt, ist das Badewasser natürlich salzig. Mehr oder weniger. Aber wer schüttet nun das Salzwasser ins Meer? Es mag verblüffen, aber das Salz des Meeres kommt hauptsächlich von den Flüssen. Wer immer schon gedacht hat, Flüsse haben aber doch Süßwasser, der hat sich vom Namen irreführen lassen. Auch das Flußwasser ist salzig, nur viel weniger stark als das Meerwasser. Das liegt daran, dass Flüsse von ihrer Quelle bis zur Mündung ins Meer über viele Steine, Felsen, Lehmböden und anderen mineralreichen, also salzhaltigen Untergrund fließen, die Salze dabei auswaschen und aufgelöst ins Meer transportieren.

Nun ist das Meer wie eine riesengroße Badewanne mit einem Stöpsel drin. Es kann also nur Wasser hineinlaufen, keines heraus. Warum laufen die Meere dann nicht mit der Zeit über? Weil ständig Wasser in der Hitze der Sonne verdunstet. Es steigt auf in die Luft, sammelt sich in Wolken und tropft als Regen auf die Erde und in die Flüsse. Das Salz aber verdunstet nicht, sondern bleibt im Meerwasser

zurück. Das salzarme Regenwasser gelangt wieder in die Flüsse, wäscht dort wieder Salze aus dem Flussbett und transportiert diese ins Meer. Ein ewiger Kreislauf. Über die Jahrmillionen hat sich so im Meerwasser viel mehr Salz angereichert als im Flusswasser.

Die salzige Mischung kann man gut zu Hause ausprobieren. Wenn man 1 Liter Wasser aus der Leitung mit 35 Gramm Salz mischt, schön umrührt und vorsichtig einen Schluck trinkt, schmeckt man, wie salzig das Wasser großer Ozeane ist. Mit nur etwa 11 Gramm Salz pro Liter erreicht man den Ostsee-Geschmack, und mit 260 Gramm Salz pro Liter, also zehn mal so viel wie für Ozeane, kann man den Geschmack des Toten Meers erzeugen. Die Salzkonzentration im Meerwasser hängt ab von der Größe des Meers, von der Anzahl der Flüsse, die ins Meer münden, und vom Klima. Wo es heißer ist, verdunstet mehr Wasser. Und wo mehr Wasser verdunstet, bleibt mehr Salz im Meer zurück.

aw

Warum sind Steine hart?

Die meisten Steine kann man nicht mit einem Messer zerschneiden. Von einigen Steinen wie Sandstein oder Kalkstein lässt sich vielleicht etwas abkratzen. Mit einem Graphitstein kann man sogar schreiben, das kennen wir ja von Bleistiften. Aber bei einem Diamanten oder einem Granitstein würden wir scheitern mit dem Abkratzen und Schreiben – sie sind zu hart. Härte bedeutet also, dass der Körper, der Stein, sich nicht leicht teilen, formen und bearbeiten lässt – er leistet Widerstand. Und dieser Widerstand ist je nach Steinsorte verschieden groß. Das liegt an der Entstehung der Steine. Steine sind feste Stoffe im Gegensatz zu flüssigen Stoffen wie Wasser oder gasförmigen Stoffen wie Luft. Bei festen Stoffen sind die winzig kleinen Teilchen, die Atome, aus denen sie bestehen, mehr oder weniger fest miteinander verbunden, bei flüssigen Stoffen nicht ganz so fest und bei gasförmigen Stoffen überhaupt nicht. Flüssige Stoffe kann man leicht teilen – um das Wasser zu teilen, brauchst du nur deine Hand hineinzuhalten.

Auch Steine aller Art setzen sich aus Atomen zusammen, und zwar überwiegend aus Siliziumatomen. Bei der Entstehung unserer Erde wurde auf diese Siliziumatome sehr viel Druck ausgeübt. Sie wurden so fest zusammengepresst, dass sie keinen Platz mehr zum Herumschwirren als Gas hatten, sondern sich fest mit anderen Siliziumatomen zusammenschließen mussten. Je näher diese Siliziumatome aneinander liegen, desto größer ist ihre gegenseitige Anziehungskraft und desto härter ist der Stein.

Der Diamant, wie Graphit aus Kohlenstoff bestehend, gilt als der härteste Stein, seine Atome sind am festesten miteinander verbunden. Entstanden sind die Diamanten aus dem bereits natürlicherweise sehr harten Graphit, der bei Vulkanausbrüchen im Erdinneren zusammengepresst wurde. So sind aus weicheren Steinen härtere Steine entstanden, und aus diesen noch härtere und immer so weiter.

Steine können sich aber auch wieder auflösen, und zwar wenn ihre Atome getrennt werden. Wir bezeichnen diesen chemischen Prozess als Verwitterung. Er läuft dann ab, wenn Steine nicht geschützt im Erdinneren liegen, sondern der Sonne und dem Regen ausgesetzt sind, die es über die Zeit hinweg schaffen, die Atomverbindungen der Steine aufzulösen. aw

Warum sieht man den Mond manchmal auch am Tag?

Der Mond steht nicht an einer Stelle, sondern dreht sich um die Erde, jeden Tag ein Stückchen weiter. Er ist also jeden Tag bzw. jede Nacht an einer anderen Stelle des Himmels als in der Nacht zuvor. Um die Erde ganz zu umrunden, braucht er 29 Tage, nicht ganz einen Monat. Die eine Hälfte dieser Zeit verbringt der Mond am Nachthimmel, die andere Hälfte am Taghimmel.

Bei Neumond steht der Mond den ganzen Tag am Himmel, nur können wir ihn dann von der Erde aus nicht sehen, weil er uns seine unbeleuchtete Seite zeigt. Nach Neumond zieht der zunehmende Mond langsam in den Nachthimmel. Die Mondsichel erscheint am Vormittag und ist bis zum Abend sichtbar; aber je voller der Mond wird, desto später am Tag geht er auf und desto länger in die Nacht hinein scheint er. Bei Vollmond schließlich geht er erst bei Sonnenuntergang auf und ist die ganze Nacht sichtbar (außer bei einer Mondfinsternis, wenn der Schatten der Erde auf den Mond fällt). Nach Vollmond verspäten sich die Aufgänge des Mondes immer mehr, dafür scheint der abnehmende Mond immer länger in den Tag hinein. Man sagt: Der abnehmende Mond zieht in den Taghimmel. In seinem letzten Viertel geht der abnehmende Mond um Mitternacht auf und ist bis Mittag sichtbar; die abnehmende Mondsichel erscheint erst in den frühen Morgenstunden und steht dann bis zum Nachmittag am Himmel.

Es ist also ganz normal, dass wir den Mond auch tagsüber sehen können. Denn 14 1/2 Tage lang steht er überwiegend am Taghimmel und ist den größten Teil der Nacht nicht zu sehen. Allerdings fällt uns der Mond am Tag nicht so auf, denn er ist dann viel schlechter zu erkennen als in der Nacht. Das hat zwei Gründe. Der erste: Der Mond scheint immer gleich stark, aber vor dem hellen

Taghimmel zeichnet sich der erleuchtete Mond natürlich viel schlechter ab als vor einem dunklen Nachthimmel. Auch wird das schwache Licht des Mondes mitunter vom gleißenden Sonnenlicht überstrahlt. Wir sehen tagsüber ja auch keine Sterne, obwohl natürlich welche da sind. Der zweite Grund: Immer wenn der Mond am Taghimmel steht, wendet er der Erde mehr von seiner dunklen Seite zu als von seiner hellen. Wir sehen also nur einen kleinen Ausschnitt des Mondes: die Mondsichel. Und bei Neumond sehen wir, wie gesagt, gar nichts mehr vom Mond.

Richtig gut sehen können wir den Mond also immer nur nachts. Und weil im Winter die Nächte viel länger sind als im Sommer, kann man den Mond im Winter viel länger sehen. bs

Wie sind die Gebirge entstanden?

Wie uralte Riesen stehen sie da: Steile, hohe Bergwände, durchzogen von tiefen Tälern und Flüssen. Felsen, die sich viele tausend Meter hoch aufeinander türmen, mit Gipfeln, die auch im Sommer schneebedeckt sind. Wind und Wetter, Eis, Schnee und Sturm können ihnen scheinbar nichts anhaben. Aber so unerschütterlich und fest, wie die Berge aussehen, sind sie nicht. Berge sind so etwas wie die Falten im Gesicht der Erde. Sie sind das Ergebnis gewaltiger Bewegungen unserer Erdkruste.

Wie eine Haut umspannt die Erdkruste das heiße Erdinnere. Eine Haut aus Stein über einem Kern aus glühender Magma. In dieser steinernen Haut sind aber Risse. Diese Risse unterteilen die Erdkruste in mehrere verschieden große Teile. Einer dieser Risse liegt zum Beispiel zwischen Afrika und Europa. Afrika drückt hier mit seiner ganzen Masse gegen das europäische Festland. Die beiden Kontinente stoßen zusammen, und es passiert etwas Ähnliches, wie wenn zwei Autos zusammenstoßen: Bei dem Autounfall verbiegt sich Blech und im schlimmsten Fall schieben sich die Fahrzeuge ineinander oder übereinander. Wenn zwei Kontinente zusammenstoßen, dann verbiegen sich Felsen und Steine und türmen sich zu Gebirgen auf.

Dass Kontinente sich nur sehr langsam bewegen, ändert nichts am Ergebnis. Solange der eine Kontinent gegen den anderen drückt, wird alles, was in der Mitte dazwischen liegt, zusammengepresst, aufeinander geschoben, verbogen und übereinander getürmt.

Doch bis auf diese Weise ein Gebirge entstanden ist, braucht es natürlich sehr viel Zeit, viele Millionen Jahre. Deswegen können wir auch nicht zusehen, wie ein Berg wächst.

Unsere Alpen, also das Gebirge, das Deutschland von Italien trennt, sind das Ergebnis des Zusammenstoßes von Europa und Afrika. Die Alpen wachsen heute nicht mehr. Der Himalaja aber, das höchste Gebirge der Welt, wächst noch. Wissenschaftler haben errechnet, dass der Himalaja jedes Jahr einen Zentimeter größer wird. Wie lange er allerdings noch wachsen und wie hoch er werden wird, das weiß niemand. bs

Warum ist der Himmel blau?

Zunächst einmal: Der Himmel ist gar nicht immer blau, sondern hat die unterschiedlichsten Färbungen – mal grau oder schwarz, mitunter rot oder golden, dann wieder fast weiß oder eben strahlend blau. Das mit dem schwarzen Himmel ist leicht zu erklären. Schwarz ist der Himmel immer in der Nacht. Selbst wenn die Sterne blinken und funkeln, ist er schwarz. Und warum? Weil keine Sonne scheint. Grau ist der Himmel leider, wenn die Luft so richtig voller Abgase ist, über großen Städten oft, oder in der Nähe von Fabriken, die durch ihre Schornsteine ordentlich Schmutz in die Luft blasen. Und morgens und abends färbt sich der Himmel oft rot.

Die Farbe des Himmels hat offensichtlich mit dem Stand der Sonne und mit der Sauberkeit und Klarheit der Luft zu tun. Aber sie hat auch zu tun mit einer besonderen Eigenschaft des sichtbaren Lichts: Das weiße Licht der Sonne ist nämlich eine Mischung aus allen Farben des Regenbogens, vom kurzwelligen blauen Licht über grünes, gelbes und orangefarbenes bis hin zum langwelligen roten Licht. Um auf die Erde zu gelangen, muss das weiße Sonnenlicht nun die Atmosphäre – also die Lufthülle der Erde – durchqueren. Diese Atmosphäre besteht aus einer Reihe von Gasen (zum Beispiel Sauerstoff, den wir zum Atmen benötigen, Stickstoff und Kohlendioxid, das die Pflanzen brauchen, um Sauerstoff herzustellen) sowie aus vielen Wasser- und Staubteilchen. In diesem Teilchengemisch werden die Sonnenstrahlen gestreut. Die einzelnen Farben des Sonnenlichts nehmen dabei unterschiedliche Wege. Dadurch kann es passieren, dass wir unten auf der Erde einmal vor allem das blaue Licht, ein anderes Mal stärker das rote Licht wahrnehmen. (Außerhalb der Erdatmosphäre, im Weltall, wo es keine Teilchen gibt, an denen das Licht gestreut werden kann, ist das Sonnenlicht immer gleißend weiß und der Himmel tiefschwarz.)

Der englische Physiker Lord John William Rayleigh hat schon 1880 herausgefunden, welche Bedingungen zu einem blauen Himmel führen. Sein Gesetz besagt im Wesentlichen, dass die im weißen

Sonnenlicht enthaltene kurzwellige – also blaue und grüne – Strahlung viel stärker gestreut wird als die langwellige rote Strahlung. Infolgedessen wird tagsüber weit mehr blaues und grünes als rotes Licht in unsere Augen gestreut. Deshalb erscheint uns der Himmel blau. Und weil die blauen Anteile aus

der direkten Sonnenstrahlung herausgestreut werden, erscheint uns die Sonne gelb. Morgens und abends aber muss das Licht einen viel längeren Weg durch die Erdatmosphäre zurücklegen als am Tag. Auf diesem langen Weg wird das blaue und grüne Licht weggestreut. Nur noch das langwellige orangefarbene und rote Licht gelangt zu uns, weshalb uns die Sonne und der Himmel dann in einem leuchtenden Orangerot erscheinen.

Himmelblau, Morgen- und Abendrot haben demnach alle die gleiche Ursache: die Streuung des Sonnenlichts an den unendlich vielen kleinen Teilchen der Luft. Die Chance, dass der Himmel blau wird, ist also am größten, wenn die Sonne hoch am Himmel steht und ihr Licht den kürzesten Weg zur Erde hat. aw

Wie entstehen Edelsteine, und warum sind sie so wertvoll?

Edelsteine sind fast so alt wie unsere Erde. Die entstand vor unvorstellbar langer Zeit, vor vielen Milliarden Jahren. Am Anfang zog sie als glühender Feuerball ihre Bahn um die Sonne. Dabei kühlte sie in der eisigen Kälte des Weltalls ab. Die äußerste Schicht der Erdkugel erstarrte und wurde zur festen Erdkruste.

Die erstarrte Erdkruste besteht aus einem Gemisch von Stoffen, die Mineralien genannt werden. Mineralien sind uralte Stoffe, die aus der Zeit stammen, als die Erde glühte. Seit damals aber ist eine Menge passiert. Die Mineralien, die im Laufe der Jahrmilliarden abkühlten, vermischten sich und wurden zusammengepresst, miteinander verschweißt und gebacken. So wie ein Kuchenteig zuerst auch nur aus Eiern, Mehl und Zucker besteht. Aber wenn alles vermischt und in den Ofen geschoben wird, kommt am Ende ein Kuchen heraus. Und je nach Rezept ist es ein Marmorkuchen oder ein Gugelhupf oder ein Tortenboden. Genauso ist es mit den Edelsteinen. In der Erdkruste wurden die verschiedenen Mineralien vermischt und dort Millionen Jahre lang zusammengepresst. Je nachdem, welche Mineralien vermischt wurden, ist daraus mit Glück ein Türkis geworden, ein Opal oder ein Smaragd.

Edelsteine sind uralt, sie sind schön, und sie sind selten. Deswegen sind sie auch so wertvoll. Aber nicht alle Edelsteine sind gleich wertvoll. Das hängt davon ab, wie selten der jeweilige Stein ist. Bergkristalle zum Beispiel gibt es häufig. Deswegen sind sie nicht besonders teuer. Obwohl sie wunderschön aussehen.

Der teuerste Edelstein ist der Diamant. Er ist so wertvoll, weil er der reinste und seltenste aller Edelsteine ist. Denn er besteht nur aus einem einzigen Mineral, dem Element Kohlenstoff. Obwohl Kohlenstoff eines der häufigsten Elemente auf unserer Erde ist, so ist er doch in absolut reiner Form selten. Und noch viel seltener passiert es, dass aus dem reinen Kohlenstoff ein Diamant entsteht. Und das macht den Diamanten so wertvoll.

Diamanten sind nicht nur die teuersten Steine der Welt, sie sind auch die härtesten Steine der Welt. Nicht nur in der Schmuckindustrie, auch in der Technik sind Diamanten deshalb heiß begehrt. Man verwendet sie zum Beispiel, um die besonders scharfen Bohrer herzustellen, die man beim Tunnelbau in den Bergen benötigt. Da solche Bohrer mit echten Diamanten viel zu teuer wären, stellt man die Edelsteine künstlich her; künstliche Diamanten sind nämlich genauso hart wie echte, wenn auch lange nicht so wertvoll. Dazu braucht man spezielle Öfen, die fürchterlich heiß werden, so um die 3000 Grad Celsius, und dazu auch einem sehr hohen Druck standhalten können. In so einem Ofen passiert dann mit dem reinen Kohlenstoff das Gleiche wie in der Frühzeit der Erde und noch heute tief in ihrem Inneren: Er wird zu einem Diamanten. bs

Warum weht der Wind?

Das hängt mit den Luftdruckunterschieden zusammen, die wiederum von Temperaturunterschieden verursacht werden. Und die haben natürlich etwas mit der riesengroßen «Heizlampe» zu tun, die auf die Erde herabstrahlt: die Sonne. Wenn sie scheint, erwärmt sich der Erdboden und gibt die Wärme auch an die Luft ab. Wird Luft wärmer, nehmen die Luftpartikelchen mehr Raum ein: die Luft dehnt sich aus. Ihr Gewicht wird dabei aber nicht größer, denn es sind noch genauso viele Luftteilchen da wie vor der Erwärmung – nur sind sie jetzt auf einen größeren Raum verteilt. Man könnte sagen, die Luft ist jetzt «verdünnt». Auch Luft hat ein Gewicht. Und da jetzt weniger Luftpartikel auf die gleiche Menge Raum kommen, ist die Luft nun leichter. Leichtere Luft aber steigt nach oben – so wie wir das auch vom Heißluftballon kennen. Die warme und deshalb leichtere Luft zieht also nach oben ab. Unten am Boden entsteht dadurch eine Art «Luftloch», das aber sofort

wieder aufgefüllt wird. Von allen Seiten strömt kühle Bodenluft an die Stelle, wo gerade die warme Luft nach oben «abgedampft» ist. Und diese Bewegung der Luft spüren wir als Wind.

Was aber passiert nun mit der warmen Luft, die nach oben gestiegen ist? Sie kühlt sich ab, denn in zunehmender Höhe wird es kälter. Die kühle Luft ist nun wieder schwerer und sinkt zurück auf die Erde. Dort erwärmt sie sich, und dann geht das Ganze wieder von vorne los. In der Luft ist also ständig Bewegung, die durch die Temperaturunterschiede entsteht. Und diese Luftbewegung ist nichts anderes als Wind.

Ein Beispiel: Im Sommer erwärmt sich das Festland durch die Sonnenstrahlen schneller als das Meer – an Land ist also auch die Luft wärmer und steigt nach oben. Kalte Luft, die zuvor über dem Meer lag, strömt nach. Damit weiß man auch schon, woher im Sommer am Meer meistens der Wind kommt: von der Wasserseite. (Das merkt man natürlich nur dann, wenn sich nicht gerade in der Nähe ein Sturm austobt.) Im Winter ist es gerade umgekehrt, denn das Wasser des Meeres – und damit auch die Luft darüber – kühlt nicht so schnell ab wie das Land. Damit ist die Luft über dem Meer wärmer – sie steigt hoch –, die

kalte Luft von der Landseite strömt nach, der Wind weht also vom Land zum Meer. Die Sonnenstrahlen berühren nicht alle Gegenden der Welt gleich stark: Am Äquator, der wie ein Gürtel um den dicken Bauch der Weltkugel führt, treffen sie das ganze Jahr über fast senkrecht auf und können so ihre ganze Energie an die Erde abgeben. An den Polen aber, den Kappen der Erde, kommen die Sonnenstrahlen im Winter gar nicht an. Und auch im Sommer wird es dort nicht richtig heiß, weil die Sonnenstrahlen sehr schräg einfallen und dabei nur wenig Wärme an die Erde abgeben. Es gibt deshalb verschiedene Temperaturgebiete auf der Welt, die man «Klimazonen» nennt. Man kann ganz grob unterscheiden zwischen heißen, gemäßigten und kalten Zonen. Die heißen Zonen liegen vor allem in der Gegend um den Äquator, die kalten an den Polen. Zwischen den Klimazonen wird andauernd Wärme und Luft ausgetauscht, genau so wie es gerade beschrieben wurde. Je größer die Temperaturunterschiede sind, desto heftiger sind die Bewegungen der aufsteigenden und der nachströmenden Luft – und desto stärker damit der Wind.

Es gibt aber noch eine zweite Ursache für die Entstehung von Wind, nämlich die Erddrehung. Auch durch sie wird die Luftschicht, die ja über der Erdoberfläche liegt, ständig in Bewegung gehalten. Was für ein Glück, dass die kalte und die warme Luft sich immer so schön austauschen, denn sonst würde es in tropischen Gebieten immer heißer und an den Polen immer kälter werden. cz

Warum gibt es einen Regenbogen?

Einen Regenbogen am Himmel sieht man gerne. Erstens, weil dazu die Sonne scheinen muss, und zweitens, weil der Regen fast schon wieder vorbei ist. Meistens jedenfalls. Ein Regenbogen entsteht nämlich auf einem Vorhang aus Regentropfen, der von der Sonne beschienen wird. Jeder Mensch sieht den Regenbogen an einer anderen Stelle des Himmels. Leider kann man ihn deshalb auch niemals erreichen und auch den Schatz nicht finden, der am Fuße des Regenbogens begraben liegt, wie ein altes Sprichwort sagt. Warum? Weil der Regenbogen nicht an einem festen Ort existiert, sondern vom Stand der Sonne und des Betrachters abhängt.

Um den Punkt zu finden, um den herum sich ein Regenbogen am Himmel bilden kann, muss man sich selbst mit dem Rücken zur Sonne stellen. Dann liegt er im Schatten des eigenen Kopfes auf einer verlängerten Verbindungslinie zwischen der Sonne und den Augen.

Am wenigsten gewölbt, beinahe flach erscheint der Regenbogen, wenn die Sonne sehr hoch steht, also um 12 Uhr mittags. Und richtig schön rund, wie ein Halbkreis, kann er erst bei Sonnenuntergang werden, wenn die Sonne am Horizont steht und in den nächsten Minuten verschwindet. Sitzt man übrigens in einem Flugzeug, das gerade mit dem Sonnenlicht im Rücken über ein Regengebiet fliegt, dann kann man mit ein bisschen Glück nicht nur einen Regenbogen, sondern einen ganzen «Regenkreis» sehen.

Dass wir einen farbigen Regenbogen erblicken, kommt daher, dass sich das Sonnenlicht an den Wassertropfen des Regens bricht. Das weiße Sonnenlicht besteht aus unterschiedlichen Farben, die durch unterschiedliche Wellenlängen gekennzeichnet sind. Die Wassertropfen sind eine Art Prisma, durch das das Licht in seine Anteile mit den unterschiedlichen Wellenlängen aufgespalten wird. Wir können die Wellenlänge des Lichts an ihrer Farbe unterscheiden: Rotes Licht hat die längsten Wellen, dann folgen oranges, gelbes, laubgrünes, seegrünes, eisblaues und schließlich ultramarinblaues Licht, das die kürzeste Wellenlänge des sichtbaren Lichts hat. Zusammen sind das die Regenbogenfarben.

Die Brechung des Sonnenlichts an den Wassertropfen des Regens lässt uns also den Regenbogen am Himmel sehen. Den Hauptregenbogen. Seltener können wir auch einen Nebenregenbogen sehen, der je nach Sonnenstand über dem Hauptregenbogen, bisweilen auch darunter liegt. Er weist eine umgekehrte Farbreihenfolge auf, von Blau über Grün, Gelb und Orange nach Rot. aw

Warum gibt es Ebbe und Flut?

Macht man Urlaub am Meer, zum Beispiel an der Nordsee, kann man da zu einer bestimmten Zeit ganz weit im Sand Richtung Wasser wandern. Doch ein paar Stunden später ist dort, wo man zu Fuß durch den Sand gegangen war, wieder das Meer. Zweimal am Tag steigt der Wasserspiegel des Meeres nach oben – dann ist Flut –, und zweimal am Tag geht er zurück, es herrscht Ebbe. Für Küstenbewohner ist das ganz normal, denn sie kennen die «Gezeiten» – so nennt man den Wechsel zwischen Ebbe und Flut. Der zeitliche Abstand zwischen den niedrigsten Wasserständen ist immer gleich: 12 Stunden und 25 Minuten. Genauso lang ist dann natürlich die Zeit, die zwischen zwei Höchstwasserständen liegt. Das ist kein Zufall, diese 12 Stunden und 25 Minuten sind nämlich genau die Hälfte eines Mondtages. Der dauert insgesamt genau 24 Stunden und 50 Minuten. Die Gezeiten haben also etwas mit dem Mond zu tun. Verantwortlich für die Gezeiten ist die Anziehungskraft des Mondes auf die Erde. Sie ist nicht so stark wie die Anziehungskraft der Erde, doch es genügt, dass das Wasser des Meeres ein kleines bisschen angehoben wird. Unterhalb des Monds entsteht also im Meer ein Berg aus Wasser. Noch eine andere Kraft ist für das Zustandekommen der Gezeiten wichtig. Sie entsteht dadurch, dass die Erde sich in 24 Stunden einmal um sich selbst dreht. Was dabei mit dem Wasser der Meere passiert, kann man in einem Experiment ausprobieren. Man stellt sich mit einem halb vollen Wassereimer in den Garten und dreht sich schnell um sich selbst (Achtung, dass niemand in der Nähe ist, der verletzt werden könnte!) Was passiert bei dieser Drehung mit dem Wasser im Eimer? Es wird nach oben gezogen, und zwar an der Stelle, die besonders weit an der Außenseite des Drehkreises liegt. Die Kraft, die dafür sorgt, nennt man «Fliehkraft», es ist dieselbe Kraft, die uns im fahrenden Karussell nach außen zieht. Diese Fliehkraft, die durch die Drehung von beiden – Erde und Mond – um einen gemeinsamen Punkt, ihren Schwerpunkt, entsteht, trägt dazu bei, dass auch auf der dem Mond abgewandten Seite der Erde ein Flutbuckel entsteht. Der ist zwar nicht so hoch wie der, den der Mond auf der ihm zugewandten Erdseite entstehen lässt, aber trotzdem hat die Erde nun zwei Wasserbuckel.

In manchen Gegenden des Meeres merkt man den Unterschied zwischen Ebbe und Flut kaum, in anderen Gegenden steigt die Wasseroberfläche bei Flut ganz enorm. Es gibt eine Bucht in Kanada, wo der Höhenunterschied zwischen Ebbe und Flut 17 Meter beträgt – das ist die Höhe eines siebenstöckigen Hauses! Verantwortlich dafür sind die verschiedenen Formen der natürlichen Becken, in denen sich das Meerwasser befindet: In manchen werden die Bewegungen des Wassers noch verstärkt, in anderen eher beruhigt.

Bei Vollmond und Neumond steigt das Wasser besonders hoch, das nennt man Springflut. Wenn an der Küste sowieso schlechtes Wetter mit viel Sturm und Regen ist, kann so eine Springflut richtig gefährlich werden: Dann überschwemmt das Wasser immer mal wieder kleinere Inseln und dringt bis in die Küstenstädte vor. Verantwortlich für die Springflut ist aber nicht allein die Anziehungskraft des Mondes (die ist nämlich immer gleich groß). Denn auch die Sonne übt eine – allerdings geringere – Anziehungskraft auf die Erde aus. Und weil bei Vollmond und bei Neumond der Mond und die Sonne auf einer Linie stehen, verstärkt die Sonne die Flutberge, die der Mond hervorruft. Bei Halbmond hingegen schwächt die Sonne die Anziehungskraft des Mondes ab – der Unterschied zwischen Ebbe und Flut ist dann am geringsten.

Die Kräfte, die aufs Wasser einwirken und es steigen und sinken lassen, wirken sich übrigens auch aufs Festland aus: Die Erde hebt und senkt sich dabei jeweils um mehrere Zentimeter. Doch da wir das nicht sehen und auch nicht spüren, fällt es uns nicht auf. cz

Warum blühen Eisblumen am Fenster?

Von wegen «Blumen»: Eigentlich sind die herrlichen Gebilde, die sich im Winter an der kalten Fensterscheibe zeigen, nichts anderes als Wasser.

Wasser setzt sich zusammen aus vielen kleinen Teilchen, den «Molekülen». Je nachdem, ob es nun besonders kalt oder lauwarm oder sehr heiß ist, nehmen diese Wasserteilchen verschiedenen Formen an.

In flüssiger Form bilden sie das ganz normale Wasser, wie es aus der Leitung fließt. Bei Hitze werden sie zum gasförmigen Wasserdampf, den man beispielsweise vom heißen Tee kennt, wo er über der Tasse aufsteigt. Und auch im gefrorenen Zustand kennt jeder das Wasser, da wird es zu Schnee und Eis.

Dass sich dieses Eis nun plötzlich im Winter innen an der Fensterscheibe zeigt, hat nicht nur etwas mit der Kälte draußen zu tun, sondern auch mit der Wärme, die drinnen im Zimmer herrscht. Warme Luft kann nämlich besonders viel Feuchtigkeit aufnehmen. In der Zimmerluft ist deshalb viel Wasserdampf enthalten. Entstanden ist dieser Dampf zum Beispiel beim Kochen, durch den feuchten Atem der Menschen, die sich im Raum aufhalten, oder beim Verdunsten zum Beispiel von Blumenwasser. Die Feuchtigkeit ist also da – man kann sie nur nicht sehen, weil sie in der warmen Luft aufgelöst ist.

Doch in der Nähe der Fenster, vor allem direkt an der Scheibe, ist es kälter als im übrigen Raum. Wenn man das Glas berührt, kann man das deutlich spüren. Hier nun kühlt die warme Luft ab. Dabei verwandelt sich der Wasserdampf, der zuvor in der Luft enthalten war, wieder in Wasser. Dieses Wasser kann man manchmal als kleine Tröpfchen an der Scheibe sehen, man sagt dann, «die Fenster sind beschlagen».

Manchmal aber ist es draußen so kalt, dass die Tröpfchen sich noch weiter verwandeln: Sie werden am kalten Glas zu dünnem Eis. Und dabei entstehen Eisblumen.

Denn wenn die Moleküle, also die kleinen Wasserteilchen, gefrieren, dann bilden sie Kristallformen. Die kann man auch bei den

Schneeflocken sehen, wenn man sie unter dem Mikroskop anschaut. Nur sind bei den «Eisblumen» am Fenster die Eiskristalle als ganz flache dünne Schicht an der glatten, kalten Scheibe entstanden. cz

Warum glühen Glühbirnen?

Technik und Erfindungen

Warum glühen Glühbirnen?

Glühbirnen haben ihren Namen, weil in ihrem Inneren tatsächlich etwas glüht. Zwischen zwei dünnen Drähten ist eine feine Spirale gespannt, die zu glühen beginnt, sobald ich den Lichtschalter anknipse. Obwohl die Spirale nur aus einem hauchdünnen Draht ist, verglüht sie nicht, sondern spendet viele Stunden Licht.

Glühbirnen werden in die Fassung einer Lampe eingeschraubt. Dadurch kommen sie in Kontakt mit dem elektrischen Strom, der fließt, wenn die Lampe eingeschaltet ist. Deswegen soll man niemals mit den Fingern in eine Lampenfassung greifen. Ein Stromschlag ist nämlich sehr gefährlich.

Durch die dünne Spirale in der Glühbirne fließt also Strom. Normalerweise fließt Strom durch Leitungsdrähte, die viel dicker sind. Das müssen sie auch sein, denn der Strom erhitzt die Drähte. Dünne Drähte werden schnell zu heiß und glühen möglicherweise durch. Der Glühdraht, aus dem die Spirale gemacht ist, ist eigentlich viel zu dünn, um den Strom durchfließen zu lassen. Deswegen wird er sehr heiß und beginnt zu glühen. Dass er nicht durchbrennt, liegt an dem Material, aus dem er gemacht ist: Wolfram, ein Metall, das sehr heiß werden kann, ohne zu verglühen.

Damit der Wolframdraht länger hält und das Licht, das er aussendet, noch heller wird, befindet sich in der Glühbirne keine Luft, sondern ein Gas. Meistens ist es Argon. Argon hat den Vorteil, dass es nicht brennbar ist, aber selbst ein kleines bisschen zu leuchten beginnt, wenn es erhitzt wird. Wäre Luft in der Birne, käme zu viel Sauerstoff an den Glühdraht, und auch das beste Wolfram würde dann irgendwann verglühen. Vom Argon geschützt kann es nicht mehr durchbrennen.

Trotzdem geht natürlich jede Glühbirne irgendwann kaputt. Das liegt vor allem daran, dass durch die Erhitzung beständig ein bisschen Wolfram von der Drahtoberfläche verdampft. Der Draht wird dadurch immer dünner – und eines Tages ist die Spirale zu dünn, um der großen Hitze zu widerstehen, und glüht durch.

Glühbirnen gibt es in verschiedenen Leistungsstärken. 40, 60 oder 100 Watt sind üblich. Die Wattzahl gibt an, wie hell die Birne leuchtet. Bei einer 100-Watt-Birne glüht der Wolframdraht stärker als bei einer 40-Watt-Birne. Und verbraucht somit auch mehr Strom. bs

Wie funktioniert ein Dieselmotor?

Moderne Dieselmotoren sind sehr kompliziert aufgebaut, deswegen erkläre ich hier, wie ein ganz einfacher Motor arbeitet.

Diesel ist eine brennbare Flüssigkeit. Wenn Diesel mit Luft vermischt wird, entsteht ein brennbares Gas. Das Gas wird im Motor in den so genannten Zylinder hineingespritzt und dort so lange erhitzt, bis es sehr plötzlich verbrennt und explodiert.

Das verbrannte Gas dehnt sich stark aus, und genau wie ein Sylvesterkracher zerfetzt wird, so müsste auch der Motor bei einer Explosion in seinem Inneren kaputtgehen.

Der Motor zerreißt aber nicht, weil er im Inneren bewegliche Teile besitzt. So ähnlich wie eine Luftpumpe. Die besteht auch aus einem Zylinder, das ist das lange Rohr. Und in dem Zylinder bewegt sich der Kolben, geschoben von der Pumpstange. So einen Kolben gibt es auch im Motor.

Wenn ihr eure Fahrradreifen aufpumpt und dabei die Pumpstange sehr schnell bewegt, dann merkt ihr, dass die Pumpe heiß wird. Das liegt daran, dass die Luft im Zylinder durch das Zusammenpressen heiß wird. Druck erzeugt nämlich Wärme, genauso wie Reibung. Reibt einmal eure Hände kräftig aneinander, dann merkt ihr es. Wie die Luft in der Pumpe, so wird das Dieselgas im Motor zusammengedrückt. So lange, bis es heiß wird. Und wenn es heiß genug ist, dann explodiert es. Das bei der Explosion verbrannte Gas dehnt sich aus, und weil das Gas nirgends anders hin kann, drückt es den Kolben im Zylinder zurück.

Der Kolben ist über eine Stange, die so genannte Pleuelstange, mit einer Kurbel verbunden. Der Kolben schiebt diese Kurbel an und bringt sie zum Drehen. Diese Drehung wird, über das Getriebe, auf die Räder übertragen und treibt das Auto an. Damit das funktioniert, reicht eine Explosion nicht aus, dafür braucht man ständig neue Explosionen. Also geht es weiter: Die Kurbel, jetzt voll in Schwung, drückt den Kolben wieder zurück in den Zylinder. Der Kolben schiebt dabei das alte, verbrannte Gas durch ein kleines Ventil zuerst aus dem Zylinder und dann zum Auspuff hinaus. Jetzt ist Platz, jetzt kann wieder frisches Gas hineingespritzt werden. Und dann geht alles von vorne los: Zusammenpressen, explodieren, Kurbel antreiben und wieder von vorne, solange der Motor läuft. bs

Wer hat den Computer erfunden?

Schon vor der Erfindung des Computers gab es mechanische Rechenmaschinen, die mit den zehn Zahlen unseres Zahlensystems rechnen konnten. Mechanische Rechenmaschinen bestanden aus Zahnrädern, Gestängen und Ziffernblättern, wie bei einer Uhr. Viel zu schwer und umständlich, dachte sich Konrad Zuse, ein Ingenieur aus Berlin, und machte sich daran, eine elektrische Rechenmaschine zu erfinden.

Dabei hatte er aber ein Problem. Denn eine elektrische Maschine funktioniert natürlich mit Strom. Der Strom treibt bei solchen Geräten aber nicht irgendwelche Zahnräder an, sondern läuft durch so genannte Relais. Relais sind kleine elektrische Bauteile, die nichts anderes machen als ein Lichtschalter an der Wand. Ist ein Relais angeschaltet, dann lässt es den Strom durch. Ist es ausgeschaltet, dann lässt es den Strom nicht durch. Solche Relais kennen also nur zwei Zustände: auf oder zu, an oder aus. Mehr nicht. Wie aber soll eine Maschine, die nur zwei Zustände, nämlich die Zahlen 0 und 1 kennt, wie soll so eine Maschine mit zehn Zahlen rechnen können?

Über diesem Problem brütete Konrad Zuse wohl gerade, als er in seiner Werkstatt die Glühbirne anknipste, und plötzlich ging ihm ein Licht auf: Wozu denn zehn Zahlen? Es genügen auch zwei Zahlen. Zuse hatte sich an etwas erinnert, mit dem sich schon viele Jahre zuvor ein anderer Forscher beschäftigt hatte. Ein gelehrter Herr namens Leibniz. Leibniz hatte mit dem so genannten binären Zahlensystem gearbeitet. Eine Art der Mathematik, die nicht zehn Zahlen benötigt, um rechnen zu können, sondern nur zwei Zahlen: 0 und 1. Der Nachteil des binären Systems war, dass endlos lange Reihen von Nullen und Einsen nötig waren, um auch nur die einfachsten Rechnungen durchführen zu können. Eins plus zwei heißt dann 01 plus 10. Unpraktisch für uns Menschen, aber wie geschaffen für Zuses Maschine, die nur Nullen und Einsen zählen konnte, das dafür aber unheimlich schnell.

1936, noch vor dem Zweiten Weltkrieg, begann Konrad Zuse mit dem Bau dieser Rechenmaschine und nannte sie Z1. Sie ist der Urgroßvater aller Computer. Z1 hatte zwar schon eine Tastatur, aber noch keinen Monitor. Der musste erst erfunden werden. Anstatt des Monitors gab es eine Tafel mit Glühbirnen. Und je nachdem, welche Glühbirnen leuchteten, konnte Zuse entschlüsseln, was sein Computer ausgerechnet hatte. Das war natürlich fürchterlich umständlich, aber es war ja auch nur ein erster Versuch. bs

Warum schwimmt ein Schiff?

Ein Schiffskörper bleibt immer dann auf dem Wasser und geht nicht unter, wenn die Auftriebskraft des von ihm verdrängten Wassers größer ist als seine ihn nach unten ziehende Gewichtskraft.

Das muss genau berechnet werden, bevor man ein Schiff zu Wasser lässt. Ein Schiff kann ja aus Holz sein, wie Ruderboote oder die alten Segelschiffe, aus Plastik wie Tretboote oder aus Eisen, wie die riesigen Überseedampfer oder Containerschiffe. Wenn die auf dem Land stehen, drückt ihr Gewicht sie auf die Erde. Im Wasser drückt ihr Gewicht sie natürlich auch nach unten, und sie würden sinken, wenn es im Wasser nicht eine Gegenkraft gäbe, den so genannten Auftrieb.

Ihr könnt diese Auftriebskraft übrigens selbst spüren: Sie ist so groß wie die Kraft, die ihr aufwenden müsst, um einen Wasserball unter Wasser zu halten. Habt ihr das schon einmal versucht? Es ist gar nicht so einfach, denn das Wasser drängt mit aller Macht an die Stelle zurück, die jetzt der Ball einnimmt. Der Ball hat eine Delle in die Wasseroberfläche gemacht und das Wasser ist bestrebt, diese wieder auszugleichen. Sobald man den Ball loslässt, schnellt er durch die Auftriebskraft des Wassers getrieben zurück an die Oberfläche. Genauso ist es mit dem Schiff. Das Wasser, das dem Schiffskörper weichen muss, drängt zurück, übt Gegendruck aus und bewirkt, dass das Schiff schwimmt und nicht untergeht.

Die Auftriebskraft drückt alle Gegenstände, die man ins Wasser wirft, nach oben. Trotzdem gehen viele Gegenstände unter. Ein Gegenstand schwimmt nämlich nur dann, wenn der Auftrieb des von ihm verdrängten Wassers größer oder wenigstens gleich seiner ihn nach unten ziehenden Gewichtskraft ist. Das Gewicht von einem Stück Holz ist geringer als der von ihm im Wasser verursachte Auf-

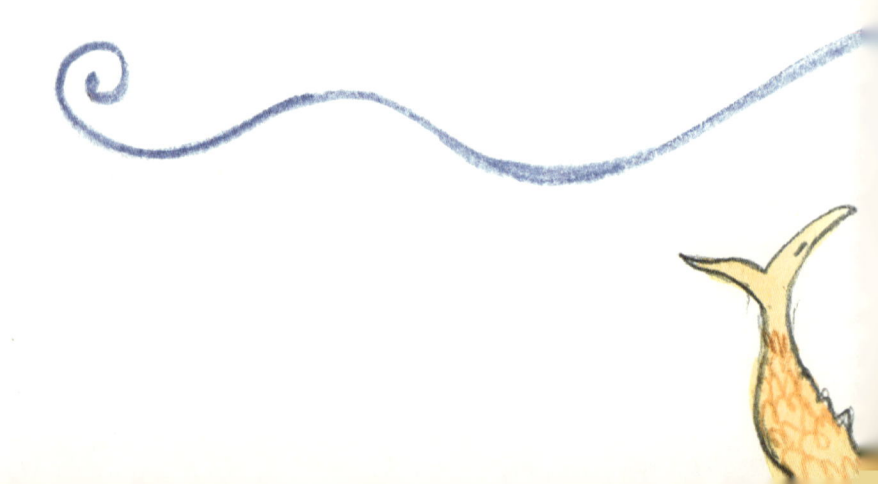

trieb – deshalb schwimmt Holz. Die Gewichtskraft eines Steins ist größer als die vergleichbare Wasserauftriebskraft – deshalb sinkt er zu Boden. Wie kommt es dann, dass die großen Containerschiffe

aus Eisen nicht untergehen? Eisen ist doch viel schwerer als Wasser. Tatsächlich: Wäre das Schiff aus massivem Eisen, würde es untergehen wie ein Stein. Der Trick beim Containerschiff oder auch beim Dampfer besteht darin, dass diese Schiffe innen hohl sind. Sie haben einen riesigen Luftkörper, der von einer dünnen Eisenhaut umgeben ist. Weil das leere Containerschiff so leicht ist, schwimmt es ganz oben. Belädt man es mit Gütern, dann wird es schwerer und liegt tiefer im Wasser. Es verdrängt jetzt also mehr Wasser, erfährt deshalb einen größeren Auftrieb und kann so trotz der Zuladung noch schwimmen. Allerdings empfiehlt es sich, die maximale Zuladung genau zu berechnen, wenn man seinen Zielhafen heil erreichen will. aw

Warum sieht eine Infrarot-Kamera im Dunkeln?

Sehen hat vor allem etwas mit Licht zu tun. In stockdunkler Nacht sehen wir nichts, es sei denn, wir haben zufällig eine Taschenlampe dabei. Bei einer Infrarot-Kamera ist das nicht anders. Soll man auf ihren Bildern etwas erkennen, benötigt sie dazu Licht – allerdings ein Licht, das für uns Menschen unsichtbar ist: das Infrarotlicht. Wenn wir mit einer Taschenlampe auf ein Blatt Papier leuchten, dann sendet die Lampe Lichtwellen aus. Sie treffen als Lichtstrahl auf das Papier. Von dem Papier aber prallen die Lichtwellen wieder ab, weil sie nicht hindurchleuchten können. Sie werden zurückgeworfen oder reflektiert, so lautet der Fachbegriff, und das reflektierte Licht kann von unserem Auge gesehen werden. Auch Infrarot-Lichtwellen werden reflektiert, nur können wir sie nicht sehen. In Tierfilmen werden oft Aufnahmen gezeigt, die in stockdunkler Nacht gemacht wurden. Obwohl das Tier scheinbar im Lichtkegel einer Lampe steht, läuft es nicht davon und bemerkt oft nicht einmal, dass es angeleuchtet wird. Wie wir Menschen sehen auch die meisten Tiere das Licht der Lampe nicht, weil es Infrarotlicht ist. Aber es gibt Kameras, die Infrarotlicht sehr wohl sehen können. Diese Kameras fangen die reflektierten Infrarot-Lichtwellen auf, so wie normale Filmkameras das sichtbare Licht auffangen. Gefilmt wird natürlich mit einem speziellen Infrarot-Film. Und wenn der entwickelt ist, dann können wir die Bilder ansehen und erfahren auf diesem kleinen Umweg doch, was im Dunkeln passiert. bs

Was ist die älteste Briefmarke?

1653 hatte François de Velayer, ein Postmeister in Paris, zwei gute Ideen: die Briefmarke und den Briefkasten. Mit diesen Ideen wollte er den Transport von Briefen innerhalb der Stadt Paris modernisieren. Denn bis dahin wurden Briefboten entweder bei Abholung oder bei Ablieferung eines Briefs bar bezahlt. Die Briefmarken des Herrn de Velayer waren kleine Papierstreifen, auf denen der Satz «Billet de port payé» stand. Das ist französisch und heißt: Quittung über eine bezahlte Postgebühr.

Dieser Papierstreifen wurde an den Brief geheftet. Passend dazu richtete Herr de Velayer auch Briefkästen ein, in die ein bezahlter, also mit einem solchen Billet ausgestatteter Brief eingeworfen werden konnte. Genau so, wie das heute auch geschieht. Aber leider ist weder ein Briefkasten noch ein «Billet de port payé» aus dieser Zeit erhalten geblieben. Der Neid der anderen Postmeister und Briefboten der Stadt Paris ist dem Herrn de Velayer zum Verhängnis geworden. Sie steckten Mäuse in seine Briefkästen, und das war das Ende seiner Erfindung. Die Idee der Briefmarke verschwand wieder.

Fast 200 Jahre dauerte es, bis die Briefmarke wieder neu erdacht wurde. Diesmal in Großbritannien. 1837 beratschlagte das Parlament des Königreichs Großbritannien über eine Reform der Post. Dabei kam der Vorschlag des Schotten James Chalmers auf den Tisch: kleine, bedruckte Papierquadrate, die auf den Briefumschlag aufgeklebt werden sollten. James Chalmers Vorschlag kam an, und er durfte einige Probeexemplare davon herstellen. Diese Probeexemplare sind die ältesten, erhaltenen Briefmarken der Welt. Am 10. Februar 1838 war es so weit. Die britischen Versuchsmarken hatten noch keine gezackten Ränder, sie waren quadratisch, braun und trugen die Aufschrift «General Postage – not exceeding half an ounce – one Penny». Das ist englisch und heißt: Allgemeine Postgebühr – nicht schwerer als eine halbe Unze – ein Penny. Für den allgemeinen Gebrauch allerdings waren diese Versuchsmarken noch nicht bestimmt. Erst am 6. Mai 1840, also zwei Jahre später, wurden die ersten offiziellen Briefmarken ausgegeben. Es gab zwei verschiedene Briefmarken: die «One Penny Black» und die «Two Penny Blue». Wer ein bisschen Englisch kann, weiß gleich Bescheid: die Briefmarken für einen Penny waren schwarz, die für zwei Penny waren blau. Diese beiden Briefmarken sind die ersten allgemein gebräuchlichen Briefmarken der Welt. bs

Aus was wird Tinte gemacht?

Früher, als es noch keine Tinte gab, da hatten es die Schreiber schwer. Alle Schriftzeichen mussten mit Hammer und Meißel in Stein geschlagen werden. Das war mühsam. Und deswegen verwendeten die Chinesen und die Ägypter schon vor fast 5000 Jahren Papyros und Tinte, um Briefe zu schreiben oder sonst etwas Wichtiges zu notieren.

Die Mischungen damals waren meistens ziemlich schlecht als Tinte zu gebrauchen. Sie bestanden aus Wasser, vermischt mit Asche oder dem Farbstoff der Tintenfische. Alles, was eine dunkle

Farbe hatte und sich mit Wasser mischen ließ, wurde verwendet, um möglichst deutliche und feine Striche zeichnen zu können. Doch die Farbe wollte auf dem Papier einfach nicht recht halten, sie verblasste mit der Zeit.

Die Mönche, die im Mittelalter Bibeln und gelehrte Bücher vervielfältigten, waren da schon einen Schritt weiter. Sie hatten einen Stoff namens Eisenchlorid für sich entdeckt. Eisenchlorid ist ein Eisensalz. Eine Sorte Eisen, die sich in Wasser auflöst. Der Trick dabei ist, dass das aufgelöste Eisen vom Papier aufgesaugt wird. Dann trocknet die Flüssigkeit und zurück bleibt der Strich. Ein Strich aus Eisen.

Damit dieser Strich auch schön sichtbar ist, gaben die Tintenmacher noch zwei weitere Zutaten in die Tinte: Schwefelsäure und den Saft von Galläpfeln. Galläpfel sind Wucherungen, die manchmal am Stamm von Bäumen entstehen. Diese Mischung lässt das Eisensalz in der Tinte schwarz werden. Jetzt ist der Strich auf dem Papier gut zu erkennen.

Wegen der Verwendung von Galläpfeln und Eisensalz heißt diese Tinte auch «Eisengallus-Tinte». Der Nachteil? Es gibt sie nur in schwarz. Darum wird heute das Wasser mit künstlichen Farbstoffen gemischt. Und die kommen aus der Chemiefabrik. Seither gibt es Tinte in allen Farben, sie lässt sich problemlos löschen und enthält keine Schwefelsäure mehr. Und seit die Tinte auch noch in Plastikpatronen verpackt ist, sind selbst die größten Feinde der Briefeschreiber besiegt: die Tintenkleckse. bs

Wie funktioniert ein Handy?

So ein Handy ist schon ein kleines Wunderwerk, denn mit dem Handy kann man ja nicht nur telefonieren, sondern auch kurze Texte senden, E-Mails empfangen, Faxe verschicken und neuerdings sogar fotografieren. Woraus besteht nun so ein Plastikding?

Ein Handy besteht im Prinzip aus fünf verschiedenen Teilen. Erstens dem Akku. Der sorgt für den Strom. Deswegen muss er immer wieder aufgeladen werden. Der Akku sitzt an der Rückseite des Handys, ist flach und lässt sich rein- und rausschieben. Zum Aufladen muss man ihn aber im Telefon lassen.

Zweitens ist da die Netzkarte. Die ist ganz klein und steckt meistens hinter dem Akku in einer speziellen Halterung. Sie ist so etwas wie eine Eintrittskarte zum Netz. Ohne gültige Netzkarte kein Telefonat.

Drittens besteht ein Handy aus einem kleinen Computer. Dieser Computer hat einen Speicher, damit er sich Telefonnummern oder SMS-Meldungen merken kann. Er weiß aber auch die Uhrzeit, er kann uns wecken oder uns an Termine erinnern. Und vieles mehr.

Viertens natürlich die Tastatur. Damit werden die Telefonnummern eingetippt, die Sprachmeldungen erstellt und die verschiedenen Funktionen gewählt. Zum Beispiel, welcher Anrufton klingelt.

Fünftens ist im Handy noch die Sende- und Empfangseinheit eingebaut. Die nimmt die Anrufe entgegen und sendet sie auch hinaus. Über die Antenne. Dazu braucht es vor allem die Unterstützung aus dem Netz, dem Funknetz. Ohne ein funktionierendes Funknetz hilft das teuerste Handy gar nichts.

Jedes Handy erzeugt eine Strahlung. Je schwächer der Kontakt zur nächsten Funkantenne wird, desto stärker strahlt es. Das Handy sucht sein Netz. Ob diese Strahlung für den Menschen gefährlich sein kann, ist umstritten. Die Hersteller von Handys und die Betreiber der Funknetze behaupten, diese Strahlung sei unschädlich. Andere Experten warnen aber vor allem Kinder und Jugendliche, deren Gehirn noch wächst, vor übermäßigem Handygebrauch. Denn es ist bewiesen, dass die Handystrahlen Auswirkungen auf das Gehirn haben. Gesundheitsschäden durch Handystrahlen konnten bisher allerdings noch nicht bewiesen werden (siehe auch: Wie funktioniert ein Mobilfunknetz?, Seite 149). bs

Wie wurde die Zeit erfunden?

Ein Tag hat 24 Stunden. Eine Stunde hat 60 Minuten. Eine Minute hat 60 Sekunden. Der Mensch misst die Zeit, die vergeht. Dazu benutzt er super-exakte Digitaluhren. 60 Sekunden sind 60 Sekunden, egal ob am Gipfel eines Berges gestoppt oder in einem U-Boot am Meeresgrund. Das ermöglicht uns, immer genau zu wissen, wie viel Zeit vergangen ist und wie viel Uhr es ist.

Früher gab es solche Zeitmesser nicht. Die Menschen mussten sich nach dem Stand der Sonne oder, in der Nacht, nach der Bewegung der Sterne richten. Deswegen gab es damals auch nicht die gleichen Uhrzeiten wie heute. Früher begann der Tag mit dem Sonnenaufgang. Die Menschen beobachteten den Lauf der Sonne, und wenn sie am höchsten stand, war Mittag. Zu Ende ging der Tag mit dem Sonnenuntergang.

Dabei teilten zum Beispiel die alten Römer ihren Tag in zwölf Stunden ein: Die erste Stunde begann mit Sonnenaufgang, die zwölfte Stunde endete mit Sonnenuntergang. Weil aber im Sommer die Tage länger als im Winter sind, verging bei den Römern eine Stunde im Sommer langsamer als im Winter. Verwirrend? Na ja, eher Gewohnheitssache.

Dabei waren den Römern Uhren bekannt: Sonnenuhren. Schon die alten Griechen besaßen Sonnenuhren. Die hatten sie von den Babyloniern abgeguckt und im Laufe der Zeit verbessert. Schon 300 Jahre vor Christi Geburt konnten die alten Griechen mit ihren Sonnenuhren die Zeit ganz genau messen.

Noch älter sind Wasseruhren. Sie waren bereits den Ägyptern bekannt. Wasseruhren sind im Prinzip sehr einfach. Sie funktionieren wie ein tropfender Wasserhahn. In einem gleichmäßigen Takt tropfen die Wassertropfen in ein Gefäß hinein. Immer wenn das Gefäß voll ist, dann ist eine bestimmte Zeitspanne vorbei. Auch

Uhrzeiger kannten die Ägypter schon. Sie hatten an ihren Wasseruhren Zeiger montiert, die anhand des Wasserstands im Gefäß angaben, wie viel Uhr es war.

Bis zum Mittelalter waren Wasser- und Sonnenuhren die einzigen Uhren, die es gab. Sanduhren zum Beispiel, die vor allem für die Seefahrt benötigt wurden, oder mechanische Uhren mit Gewichten und Zahnrädern sind eine Erfindung des Mittelalters. Seltsamerweise ist heute nicht mehr bekannt, wann die allererste mechanische Uhr gebaut wurde. Die erste mechanische Uhr, von der wir wissen, stammt aus dem Jahre 1322. Sie war an der Kirche von Norwich angebracht, einer Stadt in England. Damals allerdings waren Uhren sehr groß und schwer. Man konnte sie in Kirchtürme einbauen, aber nicht transportieren.

Die Uhr für die Hosentasche konnte erst gebaut werden, als die Herstellung von Federn möglich war. Diese Federn ersetzten die schweren Gewichte, die bis dahin die Uhrwerke angetrieben hatten. Erst ab etwa dem Jahre 1500 konnten Uhren gebaut werden, die klein genug waren, um sie bequem einzustecken. Am berühmtesten wurde das so genannte «Nürnberger Ei» des Uhrmachers Peter Henlein. 1510 hatte er eine Uhr gebaut, die etwa so groß wie ein Hühnerei war und auch so aussah – für die damalige Zeit eine gewaltige handwerkliche Leistung. 40 Stunden lang lief dieses Nürnberger Ei, bevor es wieder aufgezogen werden musste. Heute funktionieren die meisten Uhren nicht mehr mechanisch, sondern digital.

nee, ich!

Sie werden von kleinen Batterien angetrieben, und erst wenn die Batterie leer ist, hört die Uhr auf, die Zeit mitzuzählen. Überall auf der Welt legen hundertprozentig genau gehende Uhren fest, wie spät es gerade ist, sei es in Hongkong, New York oder Berlin. Das ändert allerdings nichts daran, dass manchmal die Zeit wie im Flug vergeht. In den Ferien zum Beispiel. An anderen Tagen wiederum will die Zeit einfach nicht verstreichen. Dann wird eine Stunde oft zur Ewigkeit. bs

Wie wird Plastik gemacht?

«Man nehme einen Ziegenkäse und lasse ihn einen Tag lang in Wasser sieden. Danach schöpfe man den weißen Brei, der auf dem Wasser schwimmt, ab. Nach mehrmaligem Sieden und Abschöpfen bleibt am Boden des Gefäßes ein zäher und durchsichtiger Brei zurück. Diesen Stoff erhitze man, gieße ihn in eine beliebige Form und lasse ihn erkalten, bis er hart geworden ist.»
Fertig war der erste Kunststoff der Welt. Aus Ziegenkäse hergestellt. Natürlich ist dieses Rezept schon ein wenig älter. Es stammt aus dem Jahre 1530. Aufgeschrieben hat es ein Mönch. Warum nun ausgerechnet ein Mönch einen Ziegenkäse tagelang kochte, um daraus eine durchsichtige Masse herzustellen, das wird uns wohl verborgen bleiben. Tatsache ist jedoch, dass vor 500 Jahren Kunststoff zwar bekannt war, dass es aber für diesen Kunststoff noch keine wirkliche Verwendung gab. Die Käse-Versuche wurden schon bald vergessen.
Wiederentdeckt wurden die Kunststoffe erst durch die moderne Chemie. Seit ungefähr 150 Jahren erforschen Chemikerinnen und Chemiker künstliche Stoffe. Um sie herzustellen, benötigen sie aber trotzdem natürliche Grundstoffe. So ähnlich wie eine Praline. Die kommt in der Natur ja auch nicht vor, sondern muss erst von einem Konditor in seiner Backstube aus verschiedenen Zutaten hergestellt werden. Die Backstube der Chemiker heißt Labor. Hier haben sie alles, was sie zum Kunststoffmachen brauchen: Verschiedene Säuren, wie zum Beispiel Schwefelsäure, in fest verschlosse-

nen Flaschen. Elektronische Geräte, wie zum Beispiel Thermometer und Laser-Messgeräte. Gaskocher, um Flüssigkeiten zu erhitzen, und Druckkessel, um Gase zusammenzupressen.

Das Wichtigste aber ist der Grundstoff, der Hauptbestandteil des Kunststoffs. Hier haben die Chemiker eine große Auswahl, denn es gibt verschiedene Stoffe, die sich zum Kunststoffmachen eignen. Vom Ziegenkäse haben wir schon gehört. Es geht aber auch mit Baumwolle, Holz oder Kohle.

Heute werden die meisten Kunststoffe aus Erdöl gemacht. Denn aus Erdöl lassen sich sehr viele verschiedene Grundstoffe herstellen, die sich zur Kunststoffproduktion eignen. Diese Stoffe sind nicht mehr schwarz und klebrig wie Erdöl, sondern farblos und durchsichtig. Die Umwandlung des Erdöls geschieht in Raffinerien, das sind riesige Labore, in denen chemische Prozesse in ganz großem Maßstab ablaufen.

Erdöl ist ein sehr flexibler Stoff, ein sehr wertvoller Stoff, aus dem sehr viele unterschiedliche Dinge gefertigt werden können. Nicht nur Plastikbecher. Deswegen ist es auch so schade, dass so viel Erdöl zu Benzin gemacht und danach in den Autos einfach verbrannt wird. Das verbrannte Erdöl ist endgültig weg und es belastet die Luft. Plastik dagegen lässt sich recyceln. Das heißt, es wird zu Schnipseln gehäckselt und dann wieder als Grundstoff für neues Plastik verwendet. bs

Wie funktioniert ein Kühlschrank?

Im Inneren eines Kühlschranks ist es kühl. Das sagt schon der Name. Eine Kältemaschine sorgt dafür, dass es dort auch kühl bleibt. Die Technik des Kühlens mit Hilfe einer Kältemaschine wurde bereits vor über 120 Jahren von Carl von Linde erfunden. Das Wichtigste dabei ist die Verwendung eines Kühlmittels wie zum Beispiel Ammoniak.

Ammoniak kann Wärme aufsaugen, wie ein Schwamm Wasser aufsaugt. Wird flüssiges Ammoniak durch einen warmen Raum geleitet, nimmt es die Wärme des Raums in sich auf. Der Raum wird kühler und das Ammoniak verdampft. Anders als Wasser kocht und verdampft Ammoniak nicht bei 100 Grad Celsius, sondern bereits bei minus 30 Grad Celsius. Bei normalen Temperaturen ist Ammoniak also immer gasförmig – ein Dampf.

Das flüssige Ammoniak steht deshalb zum Kühlen nicht einfach offen im Kühlschrank herum – dann würde ja immer, wenn wir die Tür öffnen, Ammoniakgas entweichen und man müsste ständig flüssiges Ammoniak nachschütten. Das wäre nicht nur teuer und unpraktisch, sondern auch unangenehm, denn der stechende Ammoniakgeruch brennt in Augen und Nase.

Der Trick beim Kühlschrank ist, dass das Ammoniak in einem Röhrensystem durch ihn hindurchgeleitet wird, sodass kein Ammoniak an die Luft gelangt. Das Ammoniak befindet sich also in einem geschlossenen Kreislauf: Das flüssige Kältemittel wird in den Kühlschrank eingeleitet. Dort saugt es die Wärme aus dem Inneren auf. Dabei verdampft es. Der Dampf wird aus dem Kühlschrank hinausgeleitet und dann von einem Kondensator aufgefangen. Der presst die aufgesaugte Wärme aus dem Dampf hinaus. Das Ammoniak wird wieder flüssig und kann erneut Wärme aufsaugen. Und schon geht es von vorne los. Wie wenn mit einem Schwamm das Wasser aus einem Eimer herausgeholt wird: eintauchen, voll saugen lassen, herausholen, auspressen, erneut eintauchen.

Der Kondensator, in dem die Umwandlung von gasförmigem Ammoniak in flüssiges geschieht, funktioniert wie eine kalte Fensterscheibe, die angehaucht wird. Der warme Atem kommt an das kalte Glas und der Dampf, den wir ausgeatmet haben, wird zu kleinen Wassertropfen. Er ist zu Flüssigkeit geworden. Diesen Vorgang nennt die Wissenschaft Kondensation. Ein Kondensator ist also ein Gerät, das Gas bzw. Dampf in Flüssigkeit zurückverwandeln kann.

Da ist nur ein Problem: Ammoniak wird normalerweise erst dann flüssig, wenn es kälter als minus 30 Grad Celsius ist. Der Kondensator ist aber hinten am Kühlschrank angebracht, arbeitet also meist bei Zimmertemperatur. Deshalb hat man einen Trick ersonnen: Man leitet den Kältedampf zuerst durch einen Kompressor (Verdichter). Dort wird der Dampf sehr stark zusammengepresst.

Weil das Ammoniak nun unter enorm hohem Druck steht, wird es nicht erst bei minus 30 Grad Celsius flüssig, sondern bereits bei Zimmertemperatur. Nach dem Kondensieren wird der Druck gedrosselt, damit die Temperatur des Ammoniaks wieder auf minus 30 Grad Celsius sinkt, und dann wird das flüssige Kältemittel erneut in den Kühlschrank hineingeleitet. bs

Wie funktioniert ein Lautsprecher?

Habt ihr schon einmal einen Stein ins Wasser geworfen? Da sind euch bestimmt die kreisförmigen Wellen aufgefallen. Es gibt aber nicht nur im Wasser Wellen. Auch in der Luft können sich Wellen ausbreiten. Diese Wellen können wir dann zwar nicht mehr sehen, aber wir können sie hören. Es sind die so genannten Schallwellen. Ganz ähnlich wie bei Wasser und Luft gibt es auch im elektrischen Strom Wellen. Hier heißen sie Schwingungen. Elektrische Schwingungen. Bei Mikrophonen und Lautsprechern wird das ausgenutzt. Und das geht so:

Eine Schallwelle bewegt sich durch die Luft und trifft auf das Mikrophon. Im Mikrophon befindet sich eine kleine Membran. Eine Membran könnt ihr euch vorstellen wie eine winzige Trommel, bespannt mit einem hauchdünnen Trommelfell. So wie jeder Stein im Wasser Wellen erzeugt, so versetzt jede Schallwelle, die auf die Membran trifft, die Membran in Schwingungen.

Hinter der Membran sind zwei kleine Magneten. Ein echter Magnet aus Metall und ein Elektromagnet aus einer Drahtspule. Die beiden Magneten nehmen die Schwingung der Membran auf, geraten dadurch selbst ins Schwingen und leiten diese Schwingungen durch Drähte weiter. Das geht, weil aus der Luftschwingung jetzt eine elektrische Schwingung geworden ist.

Ein Mikrophon ist also so etwas wie ein Trichter, in dem vorne die Schallwellen hineinkommen, dann umgewandelt werden und hinten durch den Trichterhals als elektrische Schwingungen wieder herauskommen.

Die Drähte, in denen die Schwingungen jetzt entlanglaufen, führen über einen Verstärker zu einem Lautsprecher. Dort ist die gleiche Konstruktion wie in dem Mikrophon, funktioniert nun aber in umgekehrter Weise. Die Schwingungen treffen durch die Drähte auf die beiden Magneten, die Magneten kommen ins Schwingen und übertragen diese Schwingungen wieder auf eine Membran. Die schwingende Membran bringt die Luft ins Schwingen und erzeugt so Schallwellen, die an unser Ohr gelangen.

Das Ganze funktioniert nur, weil alle Wellen sich untereinander sehr ähnlich sind. Und ein Lautsprecher ist im Prinzip nichts anderes als ein Umwandler. Er wandelt elektrische Schwingungen in Schallwellen um.

Vielleicht könnt ihr bei euch daheim die Abdeckung eines Lautsprechers abmachen. Die ist oft einfach nur draufgesteckt. Aber fragt trotzdem lieber vorher, denn Erwachsene sind in diesen Dingen sehr eigen. Hinter der Abdeckung kommt ein Trichter zutage, meistens ist der aus Pappe. Dieser Trichter ist die Mem-

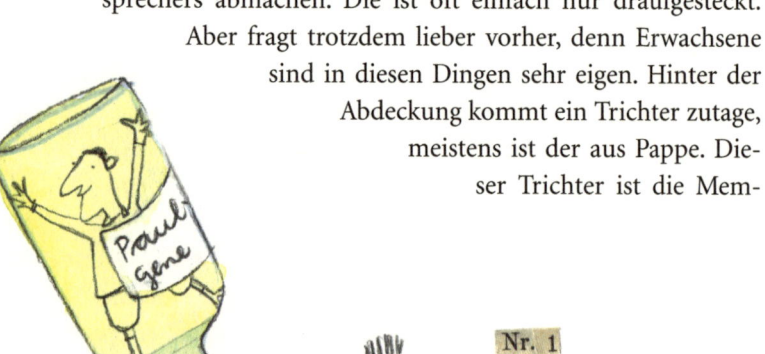

bran. Wenn ihr jetzt Musik auflegt, dann seht ihr, dass die Membran schwingt. Im Takt der Musik. In der Mitte des Trichters ist eine Metallkapsel. Alles, was dahinter ist, könnt ihr jetzt leider nicht mehr ansehen, ohne den Lautsprecher kaputtzumachen. In der Metallkapsel sind die Magneten. Hinten aus der Kapsel kommen die Drähte raus, die in das Radio oder die Stereoanlage eingesteckt werden.

In einem Telefonhörer habt ihr übrigens sowohl ein Mikrophon als auch einen Lautsprecher. Wenn ihr also irgendwo einen alten Telefonhörer auftreiben könnt, dann könnt ihr das einmal vergleichen. bs

Was ist Klonen?

Klonen bedeutet, von einem Lebewesen eine genaue Kopie herzustellen.

Normalerweise entstehen Nachkommen aus der Vereinigung von Vater und Mutter beziehungsweise von männlichen und weiblichen Tieren oder Pflanzen. Eine männliche Samenzelle verschmilzt mit einer weiblichen Eizelle. Zusammen bilden sie einen Embryo, der wächst und zu einem neuen Lebewesen wird.

Nr. 2

Nr. 3 u. 4

Licht der Welt

Nr. 5

Nr. 6

Dabei mischen sich die weiblichen und die männlichen Merkmale. Bei dieser Vermischung ist sehr viel Zufall im Spiel. Das ist der Grund dafür, dass Kinder nie genauso wie ihre Eltern aussehen.

Die meisten Pflanzen lassen sich leicht klonen: Man muss nur den Zweig eines Apfelbaums abbrechen, ihn ins Wasser stellen, bis er Wurzeln schlägt, und dann einpflanzen. Der neue Apfelbaum ist dann ein Klon des alten, das heißt, er hat genau die gleichen Eigenschaften wie dieser. Er wird genau so groß sein und genau so viele Früchte tragen, die genau so schmecken wie die Äpfel des alten Baumes. Der junge Baum ist so etwas wie ein Zwilling des alten Baums. In der Natur kommt das nur selten vor, der abgebrochene Ast müsste ja direkt in eine Pfütze fallen und dort Wurzeln schlagen. Bei Tieren und Menschen ist das noch seltener. Hier können zwei Lebewesen nur dann genau gleich sein, wenn es sich um eineiige Zwillinge handelt. Zwei Geschwister, die exakt die gleichen Erbinformationen haben. Die Erbinformation ist in jeder einzelnen Zelle eines Körpers vorhanden, und zwar im Zellkern. Denn dort ist die DNS. Die Desoxyribonucleinsäure. (Puh!) Die DNS sieht auf den ersten Blick wie eine winzige Spiralnudel aus, aber die DNS hat's in sich. Denn auf ihr sind alle Informationen gespeichert, die Lebewesen brauchen, um sich entwickeln zu können. Eineiige Zwillinge haben also genau die gleiche DNS, deswegen sind sie sich bis auf die kleinste Kleinigkeit ähnlich.

Beim Klonen wird versucht, künstlich im Labor den Zwilling eines Lebewesens zu züchten. Dazu stechen Wissenschaftler mit einer winzigen Spritze, unter dem Mikroskop, in den Zellkern einer Eizelle. Dann saugen sie die DNS der Zelle heraus. Danach wird eine andere DNS-Spirale hineingespritzt. Die alte Erbinformation wird durch eine neue ersetzt. Um die neue DNS zu bekommen, wird keine männliche Samenzelle benötigt, sondern dem Lebewesen, das kopiert werden soll, wird aus einer beliebigen Körperzelle die DNS genau so abgesaugt wie aus der Eizelle. Die künstlich mit der neuen DNS befruchtete Eizelle muss nun beginnen zu wachsen. Falls dies gelingt und eine Entwicklung zum Embryo einsetzt, wird der Embryo einem Muttertier eingepflanzt, damit er dort heranwachsen kann. Der Embryo ist aber mit der Mutter, in deren Bauch er wächst, nicht verwandt. Er hat gar keine Verwandten, keinen Vater, keine Mutter, sondern nur mehr einen Doppelgänger, von dem er die DNS bekommen hat.

Das erste geklonte Säugetier war das Klonschaf Dolly, das aus der Euterzelle eines Schafs gezüchtet wurde. Seitdem sind noch andere Säugetiere wie Rinder und Schweine geklont worden, bei Affen und Menschen ist es bisher nicht gelungen, obwohl es auch hier schon Versuche gegeben hat.

Das Klonen von Menschen ist in den meisten Ländern verboten. Die künstliche Herstellung menschlichen Lebens erschreckt nicht nur die Vertreter aller großer Religionen, sondern stößt bei den meisten Menschen auf Ablehnung. Viele Forscher kümmert dies nicht. Sie wollen auch Menschen klonen, um die Natur auszutricksen. bs

Wer erfand das Schießpulver?

Die Chinesen hatten es als Erste geschafft, aus Salpeter, Schwefel und Holzkohle ein Pulver zusammenzumixen, das explodiert, wenn es eingepackt und dann angezündet wird. Schon vor mehr als tausend Jahren verwendeten sie es vor allem dazu, phantastische Feuerwerke abzubrennen. Aber die Chinesen bekämpften auch ihre Feinde mit Rauch, Donner, giftigen Dämpfen und Kanonen. Die genaue Zusammensetzung des Schießpulvers war lange Zeit ein gut gehütetes Geheimnis. Aber irgendwann gelangte das Schießpulver auch nach Europa – wahrscheinlich haben arabische Händler die explosive Ware aus China herausgeschmuggelt und weiterverkauft.

Wann das genau geschah, wissen wir heute nicht mehr. Sicher ist jedoch, dass Berthold Schwarz, ein Franziskanermönch aus Freiburg im Breisgau, nicht der Erfinder des Schießpulvers war. Auch wenn heute das Schießpulver oft «Schwarz-Pulver» genannt wird. Ob es diesen Berthold Schwarz überhaupt je gegeben hat, weiß man nicht mehr genau. Aber irgendwann im ausgehenden Mittelalter, etwa um das Jahr 1300 nach Christus, haben Mönche entdeckt, was man mit Schießpulver machen kann. Es dauerte nicht lange, bis dieses Wissen von den Mönchen zu den Kriegsherren gelangte. Dank des Schießpulvers war es nun möglich, Kanonen zu bauen, die schwere Eisenkugeln über eine weite Entfernung verschießen konnten. Von den stolzen Rittern zunächst noch belächelt, entwickelten sich Kanonen und Gewehre bald zu Wunderwaffen. Anstürmende Reiterheere konnten aus der Ferne bekämpft werden, und die Mauern stolzer Burgen wurden einfach zusammengeschossen.

Auch heute gibt es leider noch sehr viele Schusswaffen, obwohl es den meisten Menschen lieber ist, wenn mithilfe des Schießpulvers tolle Knaller und Raketen in den Nachthimmel geschossen werden.

bs

Wie schnell fährt das schnellste Auto der Welt?

Die Formel-1-Autos fahren zwar so schnell um die Kurve, dass die Zuschauer auf der Tribüne kaum hinterhergucken können, aber die Formel-1-Autos sind nicht die schnellsten Autos der Welt. Denn die schnellsten Autos der Welt sind so schnell, dass sie nicht einmal mehr Kurven fahren können. Sie sind länger als Formel-1-Autos und sehen aus wie eine Zigarre in der Alu-Hülse. Eine Zigarre auf Rädern. Sie können nur geradeaus fahren. Schon bei der ersten Kurve würden sie von der Straße fliegen. Zum Bremsen brauchen sie so etwas Ähnliches wie einen Fallschirm. Er ist hinten am Auto festgemacht und wird ausgefahren, um es zum Halten zu bringen.

Das Besondere an den allerschnellsten Autos ist aber, dass sie keinen Motor mehr haben, der die Räder antreibt, sondern dass sie von einem Düsenantrieb angeschoben werden. So wie die Düsenjets. Der Fahrer sitzt vor den Düsen und bedient sie mit verschiedenen Hebeln. Hat er erst einmal die Düsen auf vollen Schub gebracht, dann kann er nur noch hoffen, auf der Rennpiste zu bleiben.

Um mit diesen superschnellen Rennmaschinen überhaupt fahren zu können, braucht man eine absolut gerade und glatte Piste. Da darf kein Buckel sein und keine Unebenheit, denn sonst würde das Auto von der Piste abheben wie ein Skispringer von der Schanze. Um einen neuen Geschwindigkeitsrekord aufzustellen, muss ein Fahrer eine Teststrecke von einer Meile – etwas mehr als 1,5 Kilometer – zweimal hintereinander fahren: erst hin und dann zurück. Nur dann wird die Fahrt als gültig gewertet. Das bis heute schnellste Auto der Welt ist der Thrust SSC aus Großbritannien. Er hat zwei Düsenantriebe. Der Engländer Andy Green stellte 1997 mit diesem Düsenauto den bisher ungeschlagenen Geschwindigkeitsrekord auf vier Rädern auf: 1228 km/h. Das ist schneller als ein Passagierflugzeug. bs

Wie werden Fotos gemacht?

Zum Fotografieren brauchen wir drei Dinge. Einen Fotoapparat, einen Film und ein Labor.

Der Film wird zwischen zwei Spulen so in die Kamera eingelegt, dass er hinter dem Objektiv entlangläuft. Das Objektiv ist die einzige Stelle eines Fotoapparats, an der Licht in die geschlossene Kamera gelangen kann. Damit aber nur dann Licht durch das Objektiv gelangt, wenn ein Foto geschossen wird, hat das Objektiv einen Verschluss. Das ist eine Klappe, die sich öffnet, wenn wir den Auslöser der Kamera drücken. Der Verschluss öffnet sich aber nur ganz kurz. In dieser kurzen Zeit fällt Licht durch das Objektiv in die Kamera und auf den Film.

Auf dem Film befindet sich eine lichtempfindliche Schicht. Lichtempfindlich heißt, dass diese Schicht sich verändert, wenn sie mit Licht in Kontakt kommt. Das Licht hinterlässt seine Spuren auf dem Film, so ähnlich wie ein Fuß einen Abdruck im Schnee hinterlässt. Jetzt ist das Bild belichtet. Das nächste unbelichtete Bild wird hinter das Objektiv gezogen. Bei einfachen Apparaten geschieht das mit der Hand, andere Geräte haben dafür einen kleinen Motor. Durch das Betätigen des Auslösers und das anschließende Aufziehen wird ein Bild nach dem anderen belichtet, bis der Film voll ist. Den belichteten Film kann man aber noch nicht anschauen. Er muss erst entwickelt werden. In einem Labor. Kommt der belichtete Film vor der Entwicklung ans Licht, dann werden die Bilder auf ihm ein zweites Mal belichtet und so zerstört. Wie der Fußabdruck im Schnee, wenn ein Auto drüberfährt. Dann sieht man von dem Fußabdruck auch nichts mehr.

Im Labor wird der Film deshalb in der Dunkelkammer aus der Kapsel herausgezogen, der lange Filmstreifen in eine große Maschine eingehängt, und aus den einzelnen, belichteten Fotos werden dann Bilder entwickelt. Dazu wird der Film nacheinander in verschiedene Chemikalien getaucht. Diese Chemikalien entfernen die lichtempfindliche Schicht, festigen so den Abdruck, den das Licht auf dem Film hinterlassen hat, und machen ihn sichtbar. Überall dort, wo viel Licht auf den Film fiel, wurde das Bild dunkel. Und dort, wo wenig Licht einfiel – weil zum Beispiel ein Mensch oder ein Baum an dieser Stelle stand –, ist das Bild hell geblieben. In Wirklichkeit muss es aber genau umgekehrt sein: Der fotografierte Gegenstand sollte sich dunkel oder farbig vom hellen Hintergrund abheben. Bei den entwickelten Bildern handelt es sich also noch nicht um Fotos, sondern erst um Negative.

Um vom Negativ zum fertigen Foto zu gelangen, wird das Negativ auf ein spezielles Fotopapier übertragen. Jetzt erst können wir in Ruhe unser Foto ansehen.

Digitale Kameras brauchen keinen Film mehr, um Fotos zu schießen. Anstatt auf einem Filmstreifen werden die Bilder digital in einem kleinen Speicher gespeichert. Das Prinzip ist aber das gleiche. Zu Hause wird die Kamera mit einem Computer verbunden und die Bilder werden einfach ausgedruckt. bs

Warum steigt ein Heißluftballon?

Wenn ihr einen Ballon mit eurer Atemluft aufblast, dann fällt er immer wieder auf den Boden, wenn ihr ihn hochwerft. Füllt ihr ihn aber mit Gas, zum Beispiel mit Helium, dann steigt der Ballon und fliegt auf Nimmerwiedersehen davon, wenn ihr ihn nicht gut festhaltet. Das liegt daran, dass Helium leichter als Luft ist. Denn auch wenn wir es nicht sehen: Luft und Gas sind nicht nichts, sondern bestehen aus winzigen Teilchen – und Helium enthält eben weniger oder leichtere Teilchen als Luft. Genau so, wie alle Gegenstände, die leichter als Wasser sind, im Wasser von unten an die Oberfläche steigen und dort schwimmen,

so steigt auch der leichte Heliumgasballon durch die Luft nach oben.

Ein Heißluftballon ist aber nicht mit Helium gefüllt, sondern – wie der Name schon sagt – mit heißer Luft. Erhitzt wird die Luft über einem Gasbrenner. Der Trick dabei ist nun folgender: Wie alle Gase dehnt sich Luft aus, wenn man sie erhitzt. Durch die Ausdehnung entfernen sich die Teilchen in der Luft voneinander – die Luft wird also dünner und leichter. Ähnlich einem Heliumballon steigt der Heißluftballon also, weil die heiße Luft im Ballon leichter als die kältere Luft drum herum ist.

Diese Beobachtung machen sich die Ballonfahrer zunutze. Sie pumpen in eine zusammengefaltete Ballonhaut erst ein bisschen warme Luft, bis sich die Falten geglättet haben, dann immer mehr und immer heißere Luft mit einem starken Feuerstrahl, bis sich der ganze Ballon über ihnen wölbt. Dann müssen ihn aber schon ein paar Helfer auf der Erde mit Leinen festhalten, sonst steigt er gleich in den Himmel.

Sobald die Ballonfahrer dann in die kleine Gondel eingestiegen und die Leinen losgemacht sind, kann die Fahrt losgehen. Ballonfahrer fliegen übrigens nicht, sie fahren. Um wieder herunterzukommen, muss die Luft im Ballon schwerer und also kälter werden. Die Ballonfahrer müssen also den Gasbrenner zum Erhitzen der Luft ausschalten und durch Hin- und Herziehen der Ballonhülle heiße Luft hinaus- und kältere Luft hereinlassen. Wenn sie steigen wollen, zünden sie den Brenner einfach wieder an und füllen heiße Luft nach. Das muss ein Ballonfahrer im Griff haben, wenn er seine Fahrthöhe selbst bestimmen will. Die Fahrtrichtung hingegen kann er nicht beeinflussen, die bestimmt der Wind. aw

Wie werden Batterien gemacht?

Eine Batterie ist ein Stromspeicher. Wenn wir den Strom brauchen, dann ist er da, wenn wir ihn nicht brauchen, dann bleibt er in der Batterie. Es gibt verschiedene Materialien, die Strom liefern können, wenn man sie zusammengibt. Diese Stoffe nennen wir jetzt einfach einmal «elektrische Stoffe». In einer Batterie sind immer zwei «elektrischen Stoffe» enthalten. Das können zum Beispiel Blei und Säure sein, oder Nickel und Cadmium, oder auch Zink und Kohle.

Das ist aber noch nicht alles. Es kommt nämlich darauf an, auf welche Art diese Stoffe in der Batterie verpackt sind. Wären sie voneinander getrennt, würden also sozusagen in zwei verschiedenen Töpfen stecken, dann könnten sie keinen Strom erzeugen. Das können sie nur zusammen machen. Wenn man sie aber in der Batterie vermischt, dann erzeugen sie immer Strom. Also nicht nur, wenn zum Beispiel die Taschenlampe angeschaltet ist, sondern auch, wenn sie aus ist. Dann aber wäre die Batterie unheimlich schnell leer. Also gibt es einen Trick: Die beiden «elektrischen Stoffe», die sich in der Batterie befinden, sind durch eine Wand voneinander getrennt. Diese Trennwand lässt sich mit einem Lamellenrollo vergleichen. Stehen die Lamellen waagrecht, dann kommt Licht von außen in das Zimmer, das Rollo ist durchsichtig. Stehen sie senkrecht, dann bleibt das Licht draußen, das Rollo ist jetzt undurchsichtig. So funktioniert auch die Trennwand zwischen den «elektrischen Stoffen». Schalten wir die Taschenlampe an, dann wird die Trennwand durchlässig. Die «elektrischen Stoffe» können zusammenkommen und Strom produzieren. Schalten wir die Taschenlampe aus, dann schließt sich das Rollo wieder, die Stoffe werden voneinander getrennt und produzieren keinen Strom mehr. Jetzt wartet die Batterie, bis ihr Strom das nächste Mal gebraucht wird.

Leider hat eine Batterie nicht unendlich viel Saft. Mit der Zeit entlädt sie sich, die Taschenlampe wird immer schwächer und geht dann ganz aus: Die Batterien sind leer.

Es gibt unterschiedliche Arten von Batterien. Solche, die nur einmal verwendet werden können, und solche, die man immer wieder aufladen kann. Wiederaufladbare Batterien nennt man Akkumulatoren oder kurz Akkus. Leere Batterien oder kaputte Akkus dürfen nicht einfach weggeworfen werden. Denn obwohl sie leer sind, sind die «elektrischen Stoffe» in ihnen immer noch da. Diese Stoffe sind meistens giftig. Leere Batterien gehören deshalb in spezielle Sammelbehälter. Die gibt es dort, wo man die Batterie gekauft hat, zum Beispiel im Supermarkt. bs

Was ist das umweltfreundlichste Auto der Welt?

In Ländern, in denen die Sonne viel scheint, ist das umweltfreundlichste Auto das Solarauto. Ein Solarauto hat einen Elektromotor, der seinen Strom aus Sonnenkraft bezieht. Dazu sind Solarzellen auf dem Autodach angebracht. Ein Solarauto hat keine Abgase, und es braucht nichts als Sonnenschein, um sich fortzubewegen.

In Ländern, wo die Sonne nicht so viel scheint, geht das natürlich nicht. Am umweltfreundlichsten sind dann Autos, die mit Wasserstoff betrieben werden. Wasserstoff ist ein Gas, das mithilfe von Strom aus Wasser gewonnen werden kann. Wird zur Wasserstoffgewinnung Sonnenenergie verwendet, dann ist das sehr

umweltfreundlich. Am besten sind Wasserstoffautos mit einer so genannten Brennstoffzelle. Diese Brennstoffzelle gewinnt Strom aus Wasserstoff und treibt mit dieser Energie einen Elektromotor an. Auch bei solchen Autos kommen aus dem Auspuff keine schädlichen Abgase, es entweicht hier nur Wasserdampf.

Allerdings belasten nicht nur die Abgase des Autos die Umwelt. Deshalb muss man darauf achten, dass es auch bei der Herstellung der Autoteile umweltfreundlich zugeht, dass also möglichst wenig Rohstoffe und Energie dabei verbraucht werden. Deshalb sind kleine Autos in der Regel umweltfreundlicher als große. Nicht zuletzt spielt auch die Nutzung des Autos eine Rolle: Je schneller man fährt, desto größer wird nämlich der Energieverbrauch, und das wirkt sich nachteilig auf die Umwelt aus. Auch ist es umweltfreundlicher, wenn viele Leute gemeinsam in einem Auto fahren, als wenn jeder von ihnen in einem eigenen Auto durch die Gegend saust. bs

Wie wird Schnee gemacht?

In den letzten Jahren hatten die Skiorte in den Alpen immer öfter unter Schneemangel zu leiden. Grüne Skipisten während der Weihnachtsferien, das macht keinen Spaß. Um der Natur da ein bisschen nachzuhelfen, stehen immer öfter Schneekanonen neben den Pisten, also Maschinen, die Schnee ausspucken.

Das hört sich kompliziert an, ist es aber nicht. Denn Schnee entsteht immer dann, wenn ein feiner Nebel aus winzigen Wassertropfen und kalte Luft aufeinander tref-

fen. Genau das passiert auch in den Wolken. Denn Wolken bestehen aus Wasser. Aus unglaublich vielen winzigen Wassertröpfchen. Diese Tröpfchen sind so klein und so federleicht, dass sie von der Luft getragen werden wie ein Drachen beim Drachenfliegen. Und es sind so viele, dass sie alle zusammen eine Wolke bilden. Trifft diese Wolke jetzt auf eiskalte Luft, dann gefrieren die Tröpfchen zu winzigen Schneekristallen. Schneekristalle aber sind nicht gern allein, sie kuscheln sich zusammen und werden zu Schneeflocken, die dann auf die Erde fallen.

Die Schneekanonen machen das nach. Aus vielen kleinen Sprühpistolen versprühen sie kaltes Wasser. Was die Schneekanone ausspuckt, ist also zuerst nichts anderes als ein feiner und kalter Sprühregen. Sobald dieser Sprühregen aber auf eiskalte Luft trifft, gefriert er und wird zu Schnee. Deshalb funktionieren Schneekanonen nur, wenn es friert. Ist es wärmer als null Grad Celsius, gibt es nur kalten Sprühregen.

Um die Schneeproduktion zu beschleunigen, haben Schneekanonen ein Gebläse. Das bläst den Schnee zur Kanone hinaus. Je nachdem, wie stark dieses Gebläse ist, hören sich Schneekanonen entweder an wie ein großer Staubsauger oder wie ein ausgeflippter Feuerwehrschlauch.

Schneekanonen sorgen zwar für Schnee zum Skifahren und schützen damit die Wiesen unter den Skipisten, sie haben aber auch Nachteile. Denn erstens benötigen sie richtig viel Strom. Der muss erst produziert werden. Zweitens brauchen sie sehr viel Wasser. Das wird woanders abgeleitet. Drittens ist der Schneekanonenschnee anders als der echte Schnee. Schneekanonenschnee ist fester und haltbarer. Das ist gut für die Skifahrer, denn die Piste hält länger. Im Frühling aber schmilzt der Schneekanonenschnee auch langsamer, und das ist schlecht für die Pflanzen, die darunter wachsen. Sie kommen erst später an die Sonne. bs

Magnet

Anziehungs-
kraft

PI71

Warum
fliegt ein
Flugzeug?

Noch vor 200 Jahren konnten die
Menschen nur davon träumen, sich mit
einer Maschine in die Luft zu schwingen wie
Vögel. Heutzutage werden Millionen von Menschen
mit dem Flugzeug von einem Ort zum anderen befördert.
Doch die wenigsten von ihnen wissen, warum so ein großes
schweres Ding überhaupt in die Luft aufsteigen kann.
Die Flugzeugbauer machen sich da zwei Dinge zunutze. Erstens einen Effekt, den man vom Luftballon kennt: Wenn man ihn aufpustet, aber nicht zuknotet, sondern einfach loslässt, zischt er durchs Zimmer – angetrieben von der entweichenden Luft. Beim Flug-

zeug kommt dieser Antrieb durch die Düsen, die vorne Luft einsaugen und hinten mit hoher Geschwindigkeit wieder ausstoßen. Auf der Startbahn bringen sie damit das Flugzeug so sehr in Fahrt, dass es immer schneller rollt und schließlich vom Boden abhebt. Dabei passiert Folgendes: Das Flugzeug prallt bei seiner sausenden Fahrt auf Luftpartikelchen. Die haben jetzt zwei Möglichkeiten, am Flugzeug vorbeizukommen: entweder an der Oberseite des Fliegers oder unten herum. Die Flugzeugbauer konstruieren die Tragflächen, also die Flügel des Flugzeugs so, dass sie schräg nach oben gegen die Luft angestellt sind, also in einem bestimmten Winkel zur anströmenden Luft stehen. Die kleinen Luftteilchen prallen nun an die Unterseite dieser schrägen Flügel und bilden da eine Art Polster, auf dem das Flugzeug getragen wird – sie drücken es also förmlich nach oben.

Doch diese Kraft – man nennt sie Auftrieb – allein würde nicht reichen, um das Flugzeug lange und sicher in der Luft zu halten. Es gibt noch eine andere Kraft, die sogar noch stärker ist. Sie wirkt an der Oberseite der Flügel. Die Tragflächen sind oben leicht gewölbt. Wenn sich das Flugzeug nun schnell nach vorne bewegt, entsteht über dieser gewölbten Oberseite ein Sog, der es in die Höhe zieht. Doch wie kann der Pilot oder die Pilotin den Flieger lenken? Zunächst mal, indem er mehr Gas gibt. So zischt das Flugzeug schneller durch die Luft. Und da die Geschwindigkeit höher ist, werden auch der Druck von unten und der Sog von oben stärker: Das Flugzeug steigt.

Der Pilot oder die Pilotin kann aber beispielsweise auch dafür sorgen, dass der eine Flügel größer wird als der andere. Natürlich fängt so ein Flügel nicht plötzlich an zu wachsen. Er besitzt aber an seinen Enden Klappen, die man ausfahren oder ein bisschen stärker schräg stellen kann. Dadurch hat der Flügel plötzlich mehr Fläche, auf die von oben dann auch mehr Sog einwirken kann und auf die unten mehr Luftpartikelchen prallen und ein Luftpolster bilden können.

Wenn diese Kräfte nun nicht an beiden Seiten des Flugzeugs gleichmäßig wirken, sondern nur an dem einen Flügel, der «vergrößert» wurde, wird es auf dieser Seite stärker nach vorn gezogen als auf der anderen: Das Flugzeug fliegt eine Kurve. Die Piloten können die Klappen aber zum Beispiel auch so stellen, dass der vordere Teil des Flugzeugs ein kleines bisschen mehr hochgezogen wird als der hintere Teil – dann fliegt es nach oben. Und genauso funktioniert es andersherum. Die Klappen sind also ganz wichtig für das Steuern des Fliegers in der Luft.

Gelenkt wird so ein Flugzeug übrigens mit einem Steuer, das ganz ähnlich wie ein Lenkrad funktioniert (und wie ein halbiertes Lenkrad aussieht). Dieses Steuer kann der Pilot nicht nur nach links und rechts drehen, sondern auch an sich heranziehen und von sich wegdrücken; so lenkt er das Flugzeug nach oben oder unten.

Bei der Landung wird die Geschwindigkeit zurückgenommen. Damit sinkt ja eigentlich die Flugfähigkeit der Maschine. Doch das wird dadurch ausgeglichen, dass die Landeklappen ausgefahren werden. Damit vergrößert sich die Oberfläche des Flügels; das Flugzeug «segelt» zur sanften Landung. Auf der Rollbahn werden dann die Bremsklappen gegen den Wind gestellt und bringen den Flieger zum Stehen. cz

Wie wird eine Kassette gebaut?

Im Inneren einer Kassette befindet sich ein Tonband. Ein unscheinbarer Streifen, aber auf dieses Band lassen sich Töne aufnehmen. Daher der Name Tonband. Ein Tonband besteht zuerst aus einer Polyester-Folie.

Polyester ist ein zäher Kunststoff, aus dem sehr feste und dünne Folien hergestellt werden können. In der Fabrik werden diese Folien in riesigen Rollen angeliefert. Drei Meter breit sind diese Rollen und ungefähr einen halben Meter dick. Die Folienrollen werden von Arbeitern in die erste Maschine eingelegt. Danach geht alles wie von selbst.

Zuerst muss die Folie mit einer metallhaltigen, magnetischen Brühe beschichtet werden. Die zähflüssige und klebrige Lösung wird in der Maschine auf die Folie aufgetragen. Diese Magnetschicht macht das Band zum Tonband. Auf ihr werden die Töne aufgenommen und gespeichert.

Nach der Beschichtung wird die Folie mit heißer Luft getrocknet. Das Tonband ist jetzt schon fast fertig, es ist nur noch viel zu breit. So breit wie die ganze Rolle, drei Meter. Also wird dieses breite Tonband in viele kleine Streifen von der Breite eines Kassetten-Tonbands zerschnitten. Etwa einen halben Zentimeter breit. Danach müssen diese Streifen noch auf die richtige Länge zugeschnitten werden. Die Länge des Bands hängt davon ab, wie lange die Spielzeit einer Kassette ist. Es gibt Kassetten mit 60, 90 oder 120 Minuten Spielzeit. Bei einer Kassette mit 60 Minuten Spielzeit ist das Tonband ungefähr 100 Meter lang. Nach hundert Metern schneidet die Maschine die schmalen Tonbänder also ab, und schon geht es weiter auf dem Weg zur fertigen Kassette.

Als Nächstes wird das fertige Tonband zwischen die beiden Rollen geklebt, auf denen es später in der Kassette aufgewickelt wird. An diesen Plastikröllchen hängen schon kurze Bänder aus unbeschichteter Folie. Diese Bänder werden Vor- beziehungsweise Nachlaufband genannt. Jetzt kann das Tonband auf eines der Röllchen aufgerollt werden.

Im nächsten Schritt werden die beiden Röllchen in die Plastikhülle eingesetzt. Die Plastikhülle der Kassette besteht aus zwei Hälften. In eine der beiden werden die Röllchen eingesetzt, dann wird die andere Hälfte draufgesteckt und das Ganze verschweißt, damit kein Staub hineinkommt.

Fertig ist die Kassette: Ein hundert Meter langes, fünf Millimeter breites magnetisches Tonband, aufgerollt und in einer Plastikhülle verpackt. Jetzt wird das Ganze noch eingetütet, und ab geht die Post zum nächsten Kassetten-Rekorder. bs

Wie funktioniert ein Mobilfunknetz?

Um mit einem Handy telefonieren zu können, braucht man nicht nur ein Handy, sondern noch etwas anderes: das Funknetz. Denn Handys sind ja nur die Geräte, die das Funknetz nutzen. Selbst mit einem einfachen und alten Handy kann telefoniert werden, wenn Zugang zum Netz besteht. Aber ohne Netz bleibt die Telefonleitung tot, egal was für ein Handy ich habe.

Ein Mobilfunknetz braucht zuerst einmal jede Menge Funkantennen. Die empfangen und senden die Telefongespräche. Jede Antenne deckt eine so genannte Funkzelle ab. In diesem Gebiet nimmt sie die Anrufe entgegen. Solche Funkzellen können unterschiedlich groß sein. In der Stadt wohnen viele Menschen auf engem Raum zusammen, es wird also mehr telefoniert. Hier stehen die Funkantennen oft nur einige hundert Meter voneinander entfernt. Auf dem Land, wo nicht so viele Menschen an einem Ort wohnen, sind die Antennen bis zu 30 Kilometer voneinander entfernt. Je mehr telefoniert wird, desto dichter muss das Funknetz sein.

Der Anruf geht vom Handy zur nächsten Funkantenne. Dort wird er angenommen und zu einem großen Computer weitergeleitet. Dieser zentrale Computer steht in Verbindung mit allen Antennen des ganzen Funknetzes. Er stellt fest, wo sich das Handy, dessen Nummer ich gewählt habe, gerade befindet. Dorthin, zur Antenne dieser Funkzelle, wird der Anruf weitergeleitet und dann zu dem anderen Handy geschickt. Ob das nur ein paar hundert Meter Entfernung sind oder viele hundert Kilometer, das ist dem Netz ganz egal. Der Vorgang ist immer derselbe: annehmen, zum Computer schicken, den Empfänger suchen und zusenden.

Der Computer weiß, wo jedes einzelne Handy sich gerade befindet, weil jedes Handy ständig mit der nächstbesten Funkantenne in Verbindung steht. Einfach nur dadurch, dass es eingeschaltet ist. Das muss so sein, denn sonst hätte das Handy ja keine Verbindung zum Netz, man könnte also nicht telefonieren. Bewegt sich ein Handy von einer Funkzelle in eine andere hinüber, dann merkt das der Computer ganz schnell, denn es peilt jetzt eine andere Antenne an.

Das Funknetz überzieht also das ganze Land, und deswegen kann man auch (fast) überall telefonieren.

Es gibt nicht nur ein Funknetz. Es gibt viele unterschiedliche Netze. D1, D2, E-Plus, Viag Interkom und andere mehr. Das sind zwar unterschiedliche Netze, die unterschiedlichen Firmen gehören, sie funktionieren aber alle gleich. Und deswegen kann man auch von einem Netz in das andere hinübertelefonieren. Oder nach Österreich, Italien oder wohin auch immer, solange es dort ein Mobilfunknetz gibt.

Die Antennen des Funknetzes erzeugen eine starke Strahlung. Viele Menschen haben Angst vor dieser Strahlung, und deswegen mögen sie es nicht, wenn auf ihrem Haus eine Funkantenne angebracht wird. Ob diese Strahlung für den Menschen gefährlich sein kann, ist umstritten (vergleiche die Frage «Wie funktioniert ein Handy?», Seite 124). bs

Und diese vier haben das Buch gemacht

Sybille Hein, 1970 in Wolfenbüttel geboren, lebt heute in Berlin. Sie studierte Illustration an der Fachhochschule für Gestaltung in Hamburg. Seit 1999 illustriert sie Kinderbuchgeschichten und zeichnet für Magazine und Frauenzeitschriften. Wenn sie gerade mal keinen Bleistift in der Hand hält, tourt sie mit ihrem Psycho-Pop-Kabarett «Sybille und der kleine Wahnsinnige» durch die Lande.

Foto: Copyright ©
Katharina Werin

Bernhard Schulz, geboren und aufgewachsen in München, arbeitet als freier Autor und Journalist. Wenn er nicht gerade in seiner Wahlheimat Niederbayern ist, dann steigt er wahrscheinlich irgendwo in den Bergen herum oder fährt mit seinen Skiern von ihnen herunter. Oder er schreibt.

Antje Wegener studierte Germanistik und Geschichte und arbeitet seit fast dreißig Jahren frei für den Bayerischen Rundfunk. Sie ist Autorin und Regisseurin von über 500 Sendungen für Schulfunk, Kinderfunk und Unterhaltung und Mutter von vier Töchtern.

Copyright © Foto Sessner/Dachau

Carola Zinner, geboren 1960, wuchs in Berchtesgaden auf. Neben diversen Tätigkeiten (u. a. als Helferin bei einer keltischen Grabung, als Bedienung in einer Jazzkneipe und als Pflückerin bei der Weinlese) studierte sie in München. Heute arbeitet sie beim Bayerischen Rundfunk, u. a. moderiert sie dort die Kindersendung. Sie lebt mit ihren beiden Töchtern in Neuried bei München.